Eigentum

Auer Lesebuch 5

Auer Lesebuch 5

5. Jahrgangstufe

Herausgegeben von Oswald Watzke

Bearbeitet von
Peter Franke, Georg Hahn, Peter Högler, Erhard Karl,
Anton Kreuz, Günter Krönert, Oswald Watzke

Verlag Ludwig Auer Donauwörth

Zeichnungen: Franz Lutz, Oberstenfeld
Gesamtherstellung: Druckerei Ludwig Auer, Donauwörth
ISBN 3-403-01084-8

Inhaltsverzeichnis

* Die mit einem Sternchen versehenen Buchseiten enthalten lyrische Texte.

Epische Kleinformen

Erzählungen

Schwänke

Märchen

Bild und Wort

Gedichte

Kinder- und Jugendliteratur

Gebrauchstexte und Informationsmittel

Lieber Schüler!
Liebe Schülerin!

Unser Auer-Lesebuch wird dich durch dieses Schuljahr begleiten. Es will dir zu einem interessanten, abwechslungsreichen und gewinnbringenden Leseunterricht verhelfen. Die Geschichten, Gedichte und Bilder sollen dazu beitragen, daß du dich selbst, deine Mitmenschen und deine Umwelt besser verstehen kannst. Unser Lesebuch will dir auch helfen, deine engere und weitere Heimat näher kennenzulernen. Mit ihm werden dir Menschen aus Heimat und Welt, Gegenwart und Vergangenheit begegnen, mit ihm wirst du Werke unserer Dichter erleben.

Du erfährst beim Lesen in diesem Buch aber auch, daß es verschiedene Arten von Texten gibt, z. B. Erzählungen, Sagen, Legenden, Fabeln, Gedichte, Sachtexte. Ihre Merkmale und Besonderheiten wirst du im Unterricht mit Hilfe dieses Buches kennenlernen. Dies soll dein Wissen über die verschiedenen Bereiche der Literatur erweitern und dir deine tägliche Begegnung mit Geschriebenem aller Art erleichtern. Dann kannst du dir auch ein Urteil über die Bedeutung und den Wert eines Textes bilden.

Wir würden uns besonders freuen, wenn es uns mit diesem Buch gelänge, dich zum selbständigen Lesen in anderen Lesequellen anzuregen.

Herausgeber und Bearbeiter
des Auer-Lesebuchs

Epische Kleinformen

12

Erzählungen

Die rufende Flöte

Rüdiger Müller

Pequeña heißt die Rohrflöte der Indios in den Anden – das ist ein hohes und mächtiges Gebirge in Lateinamerika. Die pequeña ist eine ganz einfache Flöte, sie läßt sich leicht herstellen, aber man muß schon sehr geschickt mit ihr umgehen, wenn man Melodien hervorlocken will. Die Indios – alte und junge – spielen oft und gern auf der pequeña. Lustige Lieder und traurige Lieder. Die Rohrflöte lacht und weint mit den Menschen dort im kargen, öden Hochland. Es gibt eine seltsame Geschichte von der pequeña, die einen nachdenklich stimmen kann. Ich will sie euch heute erzählen.

In einem einsamen Tal in den Anden sprechen die Indios davon, daß manchmal mitten in der Nacht eine Rohrflöte – eben pequeña – von irgendwoher klingt, schrill und klagend, als wenn jemand in der Ferne schreit: „Helft mir, helft mir, ich bin in Not und ganz allein!" Die Indios sagen, wenn diese Flöte nachts rufe, sei wirklich jemand in Gefahr und Todesnot. Und wer sie höre, solle sofort aufspringen und hinauseilen, um zu helfen. Er fände dann sehr bald einen Menschen, der unbedingt Hilfe brauche. Die Indios sagen auch, der Ruf der pequeña sei die Stimme Gottes, die einen Menschen suche, der seiner Schwester oder seinem Bruder in der Not hilft.

So war es denn auch eines Nachts in diesem Tal. In einer dunklen Nacht mit schmaler Mondsichel und flimmernden Sternen. Die Berge ragten düster und drohend in die Wolken. Der Schnee auf ihren Gipfeln schimmerte schwach. Links und rechts einer kleinen Indiosiedlung ballte sich niedriger Regenwald zu schwarzen Schattenmassen zusammen. Die Menschen schliefen in ihren Hütten. Nur ein einsamer Hund bellte heftig, wenn sich irgendwo ein Tier regte, eine Maus, ein Lama oder eine Eule, die durchs Dunkel glitt.

Auf einmal ertönte die unsichtbare pequeña, die Flöte, die nach einem Menschen rief, der helfen sollte.

Der erste, der sie hörte, war Mato, der Maultiertreiber. Er fuhr vom Lager hoch und brummte: „Was ist das?" Doch als er sich erst einmal die Augen gerieben hatte: „Ach, bloß eine pequeña. Schön blöd, mitten in der Nacht herumzuflöten und andere Leute aufzuschrecken. Laß den unverschämten Kerl nur flöten, ich zieh' mir die Decke über die Ohren. Einmal wird er es leid sein und aufhören." Er legte sich wieder hin, schlüpfte unter die Decke und schlief weiter. Er hatte die Stimme Gottes gehört, sein Herz zugeschlossen und nicht verstanden, was von ihm gefordert wurde. Er war wie ein steiniger Acker, auf dem kein Same Wurzel schlagen kann.

Als zweites hörte Rosa Pia die Flöte, ein junges, hübsches Mädchen. „Oh, da ist jemand in Not", sagte sie, sprang aus dem Bett und zog sich eilig an. Auf dem Weg zur Tür kam sie am Spiegel vorbei. Als sie ihn blinken sah, konnte sie nicht widerstehen. Sie zündete eine Kerze an und beschaute sich ihr Gesicht im spiegelnden Glas. „Eigentlich sehe ich recht gut aus", dachte sie, „ich habe schöne lange, schwarze Zöpfe, große Augen, eine kleine Nase, und wenn ich lache, mache ich allen Freude, die es sehen." Und sie lachte ihr Bild im Spiegel an. „Nur mein Kleid sieht schäbig aus. Ich brauche unbedingt ein neues, erst dann kommt meine Schönheit voll zur Geltung." Sie dachte lange über ihren Wunsch nach einem neuen Kleid nach, stellte sich seine Farben und Muster vor und wie sie darin beim Gang zur Kirche und beim Tanz bewundert werden würde. Darüber vergaß sie den Ruf der pequeña vollkommen. Es war, als hätte die Rohrflöte nie gerufen. Rosa Pia hatte die Stimme Gottes gehört, sein Wort in sich aufgenommen, aber es in ihren Wünschen erstickt. Sie war wie ein Acker, auf dem Dornen und Disteln wachsen, so daß jeder Same, der dazwischenfällt, überwuchert und verdrängt wird.

Als dritter hörte Pablo die pequeña, Pablo, der Sohn des Korbflechters. Er sprang vom Lager hoch, zog die Hose an, warf den Poncho über und rannte schnell aus der Hütte. „Da ist jemand in Not, ich muß ihm sofort helfen", dachte er. Er lief durch die Nacht, stieg in den Berghang hinein, durch den finsteren, feuchten, von Nebelschwaden durchzogenen Wald bis hinauf, wo die Geröllfelder der Felsenberge begannen. Dort hörte er eine schwache und schon ganz heisere Stimme um Hilfe rufen.

Pero, der Hirte, lag im Geröll, blutüberströmt und dem Tode nahe. Pablo zerrte ihn aus den Felsen, verband ihn notdürftig und lagerte ihn an einem sicheren Platz. Dann eilte er, so schnell es ging, ins Tal hinab, um Hilfe zu holen. Pablo hatte die Stimme Gottes gehört, sein Wort in sich aufgenommen und sofort danach gehandelt. Er war wie ein Acker mit gutem Boden, auf dem jeder Same aufgeht, wächst, blüht und Frucht trägt.

Kannitverstan

Johann Peter Hebel

Der Mensch hat wohl täglich Gelegenheit, in Emmendingen und Gundelfingen so gut als in Amsterdam, Betrachtungen über den Unbestand aller irdischen Dinge anzustellen, wenn er will, und zufrieden zu werden mit seinem Schicksal, wenn auch nicht viel gebratene Tauben für ihn in der Luft herumfliegen. Aber auf dem seltsamsten Umweg kam ein deutscher Handwerksbursche in Amsterdam durch den Irrtum zur Wahrheit und zu ihrer Erkenntnis. Denn als er in diese große und reiche Handelsstadt voll prächtiger Häuser, wogender Schiffe und geschäftiger Menschen gekommen war, fiel ihm sogleich ein großes und schönes Haus in die Augen, wie er auf seiner ganzen Wanderschaft von Duttlingen bis nach Amsterdam noch keines erlebt hatte. Lange betrachtete er mit Verwunderung dies kostbare Gebäude, die sechs Kamine auf dem Dach, die schönen Gesimse und die hohen Fenster, größer als an des Vaters Haus daheim die Tür. Endlich konnte er sich nicht entbrechen, einen Vorübergehenden anzureden. „Guter Freund", redete er ihn an, „könnt Ihr mir nicht sagen, wie der Herr heißt, dem dieses wunderschöne Haus gehört mit den Fenstern voll Tulipanen, Sternenblumen und Levkoien?" – Der Mann aber, der vermutlich etwas Wichtigeres zu tun hatte, und zum Unglück gerade so viel von der deutschen Sprache verstand, als der Fragende von der hölländischen, nämlich nichts, sagte kurz und schnauzig: „Kannitverstan", und schnurrte vorüber. Dies war ein holländisches Wort, oder drei, wenn mans's recht betrachtet, und heißt auf deutsch soviel als: „Ich kann Euch nicht verstehn." Aber der gute Fremdling glaubte, es sei der Name des Mannes, nach dem er gefragt hatte. Das muß ein grundreicher Mann sein, der Herr Kannitverstan, dachte er, und ging weiter. Gaß aus Gaß ein kam er endlich an den Meerbusen, der da heißt: Het Ey, oder auf deutsch: das Ypsilon. Da stand nun Schiff an Schiff und Mastbaum an Mastbaum, und er wußte anfänglich nicht, wie er es mit seinen zwei einzigen Augen durchfechten werde, alle diese Merkwürdigkeiten genug zu sehen und zu betrachten, bis endlich ein großes Schiff seine Aufmerksamkeit an sich zog, das vor kurzem aus Ostindien angelangt war, und jetzt eben ausgeladen wurde. Schon standen ganze Reihen von Kisten und Ballen auf- und nebeneinander am Lande. Noch immer wurden mehrere herausgewälzt, und Fässer voll Zucker und Kaffee, voll Reis und Pfeffer, und salveni Mausdreck darunter. Als er aber lange zugesehn hatte, fragte er endlich einen, der eben eine Kiste auf der Achsel heraustrug, wie der glückliche Mann heiße, dem das Meer alle diese Waren an das Land bringe. „Kannitverstan", war die Antwort. Da dachte er: ‚Haha, schaut's da heraus? Kein Wunder, wem das Meer solche Reichtümer an das Land schwemmt, der hat gut solche Häuser in die Welt stellen und solcherlei Tulipanen vor die Fenster in vergoldeten Scherben.' Jetzt ging er wieder zurück und stellte eine recht traurige Betrachtung bei sich selbst an, was er für ein armer Mensch sei unter so vielen reichen Leuten in der Welt. Aber als er eben dachte: ‚Wenn ich's doch nur auch einmal so gut bekäme, wie dieser Herr Kannitverstan es hat', kam er um eine Ecke und erblickte einen großen Leichenzug. Vier schwarz vermummte Pferde zogen einen ebenfalls schwarz überzogenen Leichenwagen langsam und traurig, als ob sie wüßten, daß sie einen Toten in seine Ruhe führten. Ein langer Zug von Freunden und Bekannten des Verstorbenen folgte nach, Paar und Paar, verhüllt in schwarze Mäntel, und stumm. In der Ferne läutete ein einsames Glöcklein. Jetzt ergriff unsern Fremdling ein wehmütiges Gefühl, das an keinem guten Menschen vorübergeht, wenn er eine Leiche sieht, und blieb mit dem Hut in den Händen andächtig stehen, bis alles vorüber war. Doch machte er sich an den Letzten vom Zug, der eben in der Stille ausrechnete, was er an seiner Baumwolle gewinnen könnte, wenn der Zentner um 10 Gulden aufschlüge, ergriff ihn sachte am Mantel, und bat ihn treuherzig um Entschuldigung. „Das muß wohl auch ein guter Freund von Euch gewesen sein", sagte er, „dem das Glöcklein läutet, daß ihr so betrübt und nachdenklich mitgeht." – „Kannitverstan!" war die Antwort. Da fielen unserm guten Duttlinger ein paar große Tränen aus den Augen, und es ward ihm auf einmal schwer und wieder leicht ums Herz. „Armer Kannitverstan", rief er aus, „was hast du nun von allem deinem Reichtum? Was ich einst von meiner Armut auch bekomme: ein Totenkleid und ein Leintuch, und von allen deinen schönen Blumen vielleicht einen Rosmarin auf die kalte Brust, oder eine Raute." Mit diesen Gedanken begleitete er die Leiche, als wenn er dazu gehörte, bis ans Grab, sah den vermeinten Herrn Kannitverstan hinabsenken in seine Ruhestätte, und ward von der holländischen Leichenpredigt, von der er kein Wort verstand, mehr gerührt als von mancher deutschen, auf die er nicht acht gab. Endlich ging er leichten Herzens mit den andern wieder fort, verzehrte in einer Herberge, wo man Deutsch verstand, mit gutem Appetit ein Stück Limburger Käse, und wenn es ihm wieder einmal schwer fallen wollte, daß so viele Leute in der Welt so reich seien und er so arm, so dachte er nur an den Herrn Kannitverstan in Amsterdam, an sein großes Haus, an sein reiches Schiff und an sein enges Grab.

Das Schmerzensgeld

Karl Springenschmid

Wenig, gemessen an dem, was meine Frau nach dem schweren Unfall – Frontalzusammenstoß durch gewissenlosen „Überholer" – durchzustehen hatte, viel, verglichen mit den Beträgen, mit denen meine Frau im Haushalt rechnen mußte! Als der Prozeß endlich abgeschlossen werden konnte und das sogenannte „Schmerzensgeld" überwiesen wurde, schaltete ich mich ein und erklärte meiner Frau mit Nachdruck: „Dieses Geld ist dein Geld, meine Liebe. Nichts davon der Familie! Nichts in den Haushalt! Du kannst damit machen, was du willst. Niemals werde ich dich fragen, was du mit diesem Geld getan hast. Bereite dir damit eine echte Freude!"

Das war gewiß gut gesagt, und ich kam mir dabei sehr großzügig vor. Doch meine Frau zuckte bloß die Achsel. „Wie du meinst!" sagte sie so nebenhin, strich die großen Scheine ein und stopfte sie in ihr Handtäschchen. „Aber Freude kann man nicht kaufen, wie man Taschentücher kauft."

Dies war alles, was darüber gesprochen wurde. Die Monate gingen hin. Nichts geschah, das mir verraten hätte, was mit dem „großen Geld", wie sie es genannt hatte, geschehen war. War überhaupt etwas damit geschehen? Vielleicht hatte sie die Scheine bloß in ihre Schatulle eingeschlossen oder damit ein Sparbuch angelegt. Meine Unruhe wuchs. Ich begann zu kombinieren. Schmuck? Ich wußte doch, wie empfänglich meine Frau für schöne Dinge war. Aber der goldene Armreif mit den Saphiren, der sie einstmals so sehr entzückt hatte, lag noch immer in der Auslage des Juweliers. Oder eine große Reise, etwa so: „Du weißt, ich habe drüben in den Staaten, genauer gesagt, in Minnesota, eine Cousine, die mich wiederholt aufgefordert hat, sie zu besuchen. Fünf Wochen werden genügen. Richte dich danach!"

Nichts davon! Das Geheimnis blieb. Als mir die Ungewißheit schließlich unerträglich wurde, fragte ich vorsichtig:

„Und das große Geld?"

„Perdu!" lächelte meine Frau.

Perdu? Das hieß futsch, verloren, genauer gesagt, das sogenannte „große Geld" war nicht mehr vorhanden. Doch ich wollte endlich Klarheit haben. „Alles zu seiner Zeit", lächelte meine Frau geheimnisvoll. –

Eines Tages gingen wir in die Vorstadt hinaus. Ich wußte nicht, weshalb meine Frau ausgerechnet diesen wenig schönen Weg einschlug. Vor einem ärmlichen Miethaus spielten Kinder an einem Sandhaufen. Da warf einer der Jungen begeistert die Arme in die Luft, richtete sich mühsam auf und machte ein paar unsichere Schritte auf uns zu. Meine Frau beugte sich zu ihm herab. „Tante Hanna!" rief er, schlang seine Arme um ihren Hals und küßte sie stürmisch.

Dieser Junge, etwa fünf Jahre alt, mit dem rötlich blonden Haar und dem überzarten Gesicht, kam mir bekannt vor.

„Ist das nicht der Sohn deiner Freundin?"

„So ist es", erwiderte meine Frau, „und mehr weißt du nicht?"

Offen gestanden, ich hatte mich niemals um diese Freundschaft gekümmert, wußte nur, daß diese Frau vor einigen Jahren ihren Gatten verloren hatte und in äußerst bescheidenen Verhältnissen lebte. Dieser Junge war ihr einziges Kind, und dieses Kind – jetzt fiel es mir ein – hatte ein furchtbares Leiden. Es konnte kaum gehen – und watschelte mehr auf den Händen als mit den Füßen vorwärts. „Luxatio coxae", erklärte mir meine Frau, „angeborene Hüftgelenksverrenkung. Du mußt das verstehen. Monatelang bin ich von der Intensivstation durch die verschiedenen Abteilungen der Chirurgie geschoben worden. Ein Wunder wahrhaftig, daß meine Beine gerettet werden konnten. In solcher Situation beginnt man nachzudenken. Alles Große, Schöne und Erhabene, das uns das Leben bietet, alle Freuden werden unwesentlich, wenn man nur mehr den einzigen Wunsch hat, gesund zu werden. Als das Schmerzensgeld kam, fiel mir der kleine Martin ein. Sollte er sein Leben lang ein Krüppel bleiben? Ich besprach mich mit Herta, meiner Freundin. Die Sache war schwierig, da es sich um einen Spätfall handelte, der nur durch eine Operation und eine langwierige Nachbehandlung geheilt werden konnte. Doch immerhin: Es war möglich, diese Luxation coxae zu heilen. Wir fanden eine Spezialklinik, in der solche Fälle behandelt werden. Niemals hätte Herta das Geld hierfür aufbringen können. Ich mußte einspringen. Das ‚große Geld' gab mir die Möglichkeit dazu."

Es fiel mir wahrhaftig nicht leicht, mit dieser Tatsache fertig zu werden. Meine Frau sah, wie bestürzt ich war.

Da faßte sie mich liebevoll am Arm. „Wie hast du damals zu mir gesagt? Bereite dir mit diesem Geld eine echte Freude, meine Liebe. Nun, ist es nicht eine ganz besondere Freude, wenn der kleine Martin, der früher kaum krabbeln konnte, mir nun aufrecht entgegengeht? Und außerdem: Kann man Schmerzensgeld besser verwenden, als damit andere Schmerzen zu heilen?"

Urteil im Gewitter

Gerd Heinz-Mohr

Nach einer Stunde Anstieg hatten wir die Höhe erreicht. Aufatmend blieb ich stehen und schaute mich um. Dabei fiel mein Blick auf die geschwärzten Mauerreste einer Kapelle. Schon hatten sich im Kampf mit allerlei Unkraut auch größere Sträucher darauf angesiedelt.

„Spuren des Krieges?" fragte ich den alten Bauern, der mich über den Berg nach Pösting begleitete.

Er schüttelte den Kopf.

„Spuren Gottes!" sagte er.

Überrascht wandte ich mich ihm zu. Diese Äußerung aus dem Munde eines zwar ernsthaften, aber doch, wie es schien, völlig praktisch eingestellten Mannes kam mir ganz unerwartet. Während des Aufstiegs hatte er mich nur von Düngemitteln und Holzpreisen unterhalten.

„Ich kann es nicht anders sagen", fuhr er fort. „Was hier mit der Kapelle geschehen ist, war so merkwürdig, daß wir damals einig waren, die Ruine solle nicht wieder aufgebaut werden, sondern zur Mahnung stehen bleiben."

„Erzählen Sie!" wollte ich ihn bitten. Aber er hatte nur Luft geholt und fing schon von selbst mit dem Bericht an, während wir dem Platz zuschritten.

„Es trug sich ein paar Jahre vor dem Kriege zu. Sieben Bauern aus meinem Heimatdorf waren in Pösting zu einem Vereinstreffen gewesen und befanden sich spät abends auf dem Heimweg. Noch ehe sie zur Höhe kamen, brach ein schweres Gewitter los. Da blieb ihnen nichts anderes übrig, als sich in die kleine alte Kapelle zu flüchten, um dort das Ende des Unwetters abzuwarten.

Einstweilen sah es jedoch nicht nach Aufhören aus. Blitz folgte auf Blitz. Donnerschlag auf Donnerschlag. Auch der Regen, der immer heftiger auf das undichte Dach klatschte, änderte nichts an der Gewalt des Wetters. Mehrmals schlug es ganz in der Nähe ein, so daß die Mauern der Kapelle zitterten und die Sieben schon erschrocken die Augen zumachten, weil sie glaubten, nun habe es sie getroffen.

Es ist eigenartig, wie auch die mutigsten Männer in solcher Lage manchmal klein werden. Alle Spuren des Festrausches waren verflogen. Die Luft in dem engen, moderigen Raum drückte schwer. Gespenstig zuckte der Widerschein der Blitze an den fleckigen Wänden entlang. Obwohl der Raum weder Altar noch Bild enthielt, mochte die Besonderheit des Zufluchtsortes doch dazu beitragen, daß einer der Männer nach dem andern still sein Kreuz machte und um sein Leben zu beten anfing.

Das Unwetter hielt weiter an. Ja, es schien, als habe es der Blitz eigens auf sie abgesehen, so sehr sammelte sich die ganze Wucht der Einschläge auf diese Höhe.

Die Spannung wurde unerträglich. Auf einmal schrie einer: ‚Das hat alles keinen Wert! Es muß einer unter uns sein, den das Gewitter sucht, ein Sündiger, dem die Strafe nachfolgt. Nur deswegen nimmt das Donnern kein Ende!'

‚Ja!' murmelten die andern, froh, daß sich eine erklärende Ursache bot, ‚es muß einer unter uns sein!'

Dann aber legte sich betretenes Schweigen auf sie. Denn welcher war der Schuldige? Jeder suchte beschämt bei sich, aber keiner fühlte sich betroffen, um sich selber der Wut der anderen preiszugeben.

Endlich fand einer den Ausweg: ein Gottesurteil!

Sie wollten ihre Stöcke in einer Reihe draußen in den aufgeweichten Boden stoßen. Wessen Stock nach dem nächsten Einschlag umgefallen war, der war der Sündige.

So geschah es.

Mit innerem Beben drängten sie in einer Regenpause eilig hinaus. Jeder stieß seinen Stock mit aller Kraft in die Erde, maß dann die der anderen mit einem scheuen Blick und sprang in den Schutz der Kapelle zurück.

Drinnen hielten sie die Hände krampfhaft und warteten stumm. Unendlich lange schien es diesmal zu dauern. Der Regen rauschte wieder stärker. Da kam der Einschlag, brüllend laut und nah. Sie konnten den Blitz geradezu riechen. Aufgeregt stürzten sie hinaus. Ein Stock war umgefallen. Es war der Stock vom Lindpichler. Als er ihn aufgehoben hatte und zurück wollte, waren die andern schon wieder in der Kapelle und hielten die Tür von innen zu.

‚Seid doch vernünftig, Brüder!' rief er, fast weinend vor Schrecken, denn nun kam ihm erst richtig zum Bewußtsein, was das Urteil mit dem Stock zu bedeuten hatte. ‚Ihr könnt mich doch nicht hier draußen in dem Unwetter stehen lassen!'

‚Nein!' schrieen sie zurück. ‚Mach, daß du fortkommst! Du bist der Schuldige. Wer weiß, was du verbrochen hast! Wegen dir ist uns der Blitz nachgegangen. Geh! Du kommst nicht herein!'

Die Gewalt des Wetters nahm noch immer zu. Verzweifelt sah sich Lindpichler nach einer Zuflucht um. Die Nacht war undurchdringlich. Der Regen trommelte auf den Boden und sog sich in den Kleidern des Draußenstehenden fest.

Wieder schlug er an die Tür der Kapelle. ‚Seid barmherzig! Ich habe ja nicht mehr auf dem Gewissen als ihr!' Aber sie waren überzeugt, daß sie ein Recht über den Sünder hob. An ihrem entschlossenen Nein prallte alles Flehen ab. Blendend zuckte ein Blitz neben der Kapelle in den Boden. Licht und Donnerschlag waren eins.
Lindpichler fuhr entsetzt zurück, befahl seine Seele Gott und lief, jetzt schon völlig durchnäßt, ohne Rücksicht auf das, was ihn treffen konnte, querfeldein nach Hause.
In dieser Nacht schien die Hölle los zu sein.
Noch eine Weile, nachdem der Ausgestoßene glücklich sein Gehöft erreicht hatte, folgten gewaltige Einschläge wie Bombenexplosionen. Aber unten im Tal war es doch nicht mehr so schrecklich. Erst gegen die Frühe ließ das Unwetter nach.
Als die sechs Zurückgebliebenen am nächsten Morgen noch nicht daheim waren, machte sich das ganze Dorf auf die Suche.
Man fand sie, verbrannt und fast unkenntlich, zwischen den Trümmern der Kapelle. Der Blitz hatte sie getroffen. Das Urteil Gottes war anders gewesen. Sehen Sie, dieses Holzkreuz haben wir dann neben der Kapelle errichtet zu ihrem Andenken. Und die Ruine wird nicht wieder aufgebaut werden, zum Zeichen, daß sich keiner mehr für gerecht halten und seinen Bruder in die Finsternis stoßen soll."
„Und der Lindpichler?" wollte ich wissen.
„Aus dem hat man nur mit Mühe den Hergang der ganzen Sache herausgebracht. Er hat fast kein Wort mehr gesprochen und ist während des Krieges gestorben."

Die Neue

Gisela Schütz

Die Klassentür ging auf, und herein kam die Lehrerin, Fräulein Meier. „Ich habe eine Neue mitgebracht", sagte sie und zog ein schüchternes, schwarzgelocktes Mädchen hinter sich her. „Das ist Rosanna. Sie ist Italienerin und erst eine Woche in Deutschland. Sie kann noch kein Wort Deutsch. Ich hoffe, daß ihr Rosanna helft, sich schnell bei uns einzuleben."

Eine richtige Italienerin, toll! Alle waren begeistert, jeder wollte Rosanna neben sich haben. Fräulein Meier setzte sie auf den freien Platz neben Ulrike. Ulrike war ganz stolz. Immer wieder mußte sie die Neue angucken. Die saß still da, den Kopf gesenkt, und sagte kein Wort. In der Pause wurde Rosanna mit Fragen bestürmt. Aber Rosanna antwortete nicht, sondern blickte nur verwirrt von einem zum anderen. Schließlich sagte sie irgendetwas. Herrje! Das klang vielleicht komisch! Die Kinder schüttelten sich vor Lachen. „Sag das noch einmal, Rosanna!" riefen sie. Doch Rosanna guckte nur erschrocken in die lachenden Gesichter. Dann ließ sie den Kopf sinken, und eine Träne kullerte über ihr braunes Gesicht.

„Das ist ja eine Heulsuse", sagten die Kinder. „Kommt, laßt uns Fangen spielen." Sie ließen Rosanna stehen, liefen in eine andere Ecke des Schulhofes und spielten bis zum Ende der Pause Fangen. Als alle in die Klasse zurückkehrten, weinte Rosanna immer noch. „So ein Pech", dachte Ulrike, „jetzt muß ich neben so einer Heulsuse sitzen." Und sie rückte ihren Stuhl ein wenig zur Seite.

Als Ulrike abends im Bett lag, dachte sie noch einmal über Rosanna nach. Wie hatte sie sich darüber gefreut, daß diese Rosanna neben ihr saß! Aber nun? Ich werde mich morgen woanders hinsetzen, dachte sie. Wer weiß, von was für Leuten die stammt. Wie die schon aussieht mit ihren kohlschwarzen Zottelhaaren!

Plötzlich ist Ulrike von lauter schwarzhaarigen Kindern umgeben. Sie bilden einen Kreis um sie, zeigen mit Fingern und reden in einer völlig unverständlichen Sprache auf sie ein. Was wollen die von ihr? „Ich kann euch nicht verstehen!" ruft Ulrike hilflos. Die schwarzhaarigen Kinder biegen sich vor Lachen. „Warum lacht ihr denn so? Ist denn das so komisch, wenn ich Deutsch rede?" fragt Ulrike ängstlich.

Jetzt zupft ein Mädchen sie sogar an Ärmel und zeigt immer wieder auf irgendetwas. Was soll das nur? „Ich verstehe doch nichts! Kann denn keiner von euch Deutsch? Sprecht doch Deutsch mit mir!" fleht Ulrike. Aber die Kinder reden in ihrer merkwürdigen Sprache

weiter und lachen nur noch mehr. Ulrike fühlt sich schrecklich einsam unter den vielen fremden Kindern. Sie fängt an zu weinen. „Ich möchte nach Hause! Bitte, laßt mich nach Hause!" schluchzt sie.
„Aber Ulrike, du bist doch zu Hause", sagte da eine ruhige Stimme.
„Ach, endlich jemand, der Deutsch spricht!" rief Ulrike erleichtert.
„Wie soll ich denn sonst sprechen? Ulrike, was träumst du denn da?" Es war die Mutter. Ulrike wachte auf. Ein böser Traum war das gewesen ... Aber hatte die schwarzhaarige Rosanna, die noch kein Wort Deutsch verstand, diesen bösen Traum nicht wirklich erlebt?

Der Blinde und die Milch

Unbekannter Verfasser

Ein Blinder und ein Sehender, also ein Mensch, der sehen kann wie du, unterhielten sich. Der Blinde wollte zu gern wissen: „Welche Farbe hat die Milch?"
Darauf antwortete der Sehende: „Nun, Milch hat dieselbe Farbe wie weißes Papier."
Der Blinde, der aber weißes Papier noch nie gesehen hatte, denn er war von Geburt an blind, wollte es genauer wissen: „Raschelt denn diese weiße Farbe genauso wie Papier, wenn man es zerknüllt?"
Der Sehende antwortete: „Nein, sie raschelt nicht, die Milch ist so weiß wie Mehl."
Der Blinde fragte: „Ist sie denn auch so weich und kann man sie ebenso mit den Händen verstreuen wie Mehl?"
„Nein, die Milch ist weiß. Einfach so weiß, na, wie zum Beispiel ein weißer Hase."
Da fragte der Blinde: „Fühlt sie sich denn auch so weich und kuschelig an wie ein Hase?"
Der Sehende antwortete: „Nein, sie fühlt sich nicht so an, die weiße Farbe sieht so aus wie weißer Schnee."
Jetzt fragte der Blinde: „Ist sie denn auch so kalt wie Schnee?"
Beide unterhielten sich noch lange. Der Mensch, der sehen konnte, gab viele Beispiele für die weiße Farbe. Aber der Blinde konnte es nicht begreifen. Er konnte sich nicht vorstellen, wie die weiße Farbe der Milch aussieht.
Da kannst du mal sehen, wie schön es ist, daß du Augen hast und sehen kannst.

Hikostam

Heide Heidemann

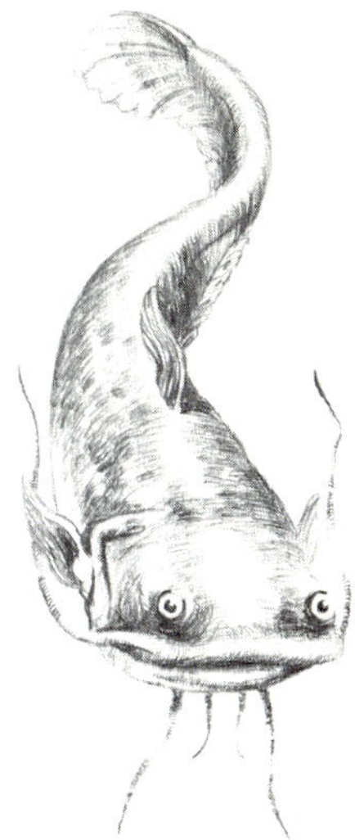

Pit hat ein Wort erfunden. Es heißt Hikostam. Pit macht sich einen Spaß. Er geht zum Bäcker. „Bitte ein Pfund Hikostam-Brot!", sagt er. „Wir backen nur Weizenbrot", sagt der Bäcker. „Hikostam? Ist das ein neues Korn?" „Ich weiß nicht", sagt Pit. „Auf Wiedersehn!"

Pit geht zum Kaufmann. „Bitte eine Dose Hikostame!", sagt er. „Wir haben Aprikosen und Ananas, aber keine Hikostame", sagt der Kaufmann. „Kommen die aus Japan?" „Ich weiß nicht", sagt Pit. „Auf Wiedersehn!"

Pit geht in den Fischladen. „Bitte einen Hikostam!", sagt er. „So", sagt der Kaufmann. „Keine Schollen? Und auch keine Aale?"—

„Nein", sagt Pit. „Ein Hikostam soll es sein!" „Auch gut", sagt der Fischhändler. Er holt einen riesengroßen, schuppigen, blauweißen Fisch. Er legt ihn auf den Ladentisch. „25 Mark", sagt er. „Hikostame sind sehr teuer!" Er zwinkert Pit zu. Pit fängt an zu lachen. Der Fischhändler lacht auch. „Du kannst doch einen alten Mann nicht verkohlen! Aber es war ein guter Spaß!" Und er schenkt Pit ein Stück Schokolade, das schmeckte etwas nach Fisch.

Das Gerücht

Heinz Steguweit

Weil der Frühling nun da war, hatte im Walde eines Morgens ein Buchfink gesungen. Welches Ereignis, welche Lust! Der Wanderer, der den Vogel andächtig beobachtet hatte, ging ins nahe Dorf und sah eine Frau hinter den Gardinen stehen. Da rief er, außer sich vor Freude, zu ihr ins Zimmer hinein: „Dort hinten im Wald hat ein Buchfink gesungen!"
Die Frau hörte es, wenn auch nur flüchtig. Sie drehte sich um und sagte zu ihrem Mann: „Konntest du es verstehen? Im Wald hat, wenn ich nicht irre, ein Buchbinder gesungen!"
Der Mann schüttelte den Kopf: „So früh am Morgen singt kein anständiger Mensch. Es sei denn, er ist betrunken."
Kurz darauf ging der Alte durch den Ort. Da begegnete ihm die Nachbarin Pauline, eine geschwätzige Tante. Ei, dachte er, sie ist wohl die rechte Adresse für eine Neuigkeit! „Guten Morgen, werte

Pauline", sagte er also. „Denken Sie nur, der Buchbinder liegt besoffen im Walde und singt!"

Die alte Pauline rang die Hände und begann zu jammern: „Großer Gott! Ich habe es schon lange vermutet, unser hiesiger Buchbinder taugt nichts. Er ist ein Ludrian. Aber dem werde ich's jetzt besorgen!"

Sie eilte in den nächsten Gemischtwarenladen, wo man Honig, Briefpapier, Kragenknöpfe und Kautabak kaufen konnte. Die Bude war voll Kundschaft, da ließ sich gut arbeiten mit der Zunge. Darum stellte sich Pauline ganz erschöpft und außer sich: „Nein, Leute, nein, was das noch werden soll! Unser Buchbinder Tobias hat sein ganzes Geld durch die Kehle gejagt. Nun wälzt er sich im Wald und grölt einen Gassenhauer um den anderen. Paßt auf, der endet noch am Galgen!"

Am Abend wußte es das ganze Dorf. Und da der Buchbinder Tobias seit frühmorgens schon über Land war, Aufträge zu holen und bares Geld zu kassieren, stand es fest: Er hatte sein Vermögen vertrunken, und nun hing er an einem Baum drüben im Walde . . .

Wie wunderten sich daher die Leute, als er am nächsten Morgen frisch und wacker wieder in seiner Werkstatt hantierte, fleißig wie keiner und beileibe nicht als Ludrian. Als er von den Gerüchten hörte, nahm er sich gleich einmal die schwatzhafte Pauline vor. Die aber berief sich auf den alten Nachbarn, von dem sie es wußte. Der alte Nachbar wiederum schob's auf seine Frau, und die Frau bezichtigte den Wanderer, der an ihrem Fenster vorübergekommen war.

Da lachte freilich Tobias von Herzen: „Du heiliges Kanonenrohr, habt ihr so miserable Augen? Oder sind eure Gardinen so gelb? Der Wanderer war doch ich selber! Und ich hatte euch freudig zugerufen: Im Wald hat ein Buchfink gesungen!"

Da schrie man den alten Tobias nieder: „Siehst du, du Kamuffel, bist gar selber schuld und möchtest jetzt ehrliche Leute verdächtigen!"

Sankt Nikolaus

Unbekannter Verfasser

Halil Sivas war ein Türkenkind. Sein Vater arbeitete in einem Zulieferungsbetrieb für das Volkswagenwerk in Kassel. Er stammte aus der Nähe von Ulas, zwischen den Hochgebirgen Kappadoziens und des Pontus. Natürlich waren die Hügel im Frankenland nicht zu vergleichen mit den bizarren Zweitausendern der fernen Heimat, aber dafür gab es hier Arbeit und Brot. Halil war in Deutschland geboren. Er konnte sich gar nicht vorstellen, wie das Leben in einem anderen Lande sein würde. Das einzige, was ihn manchmal von seinen Spielkameraden trennte, waren die Feste, die kirchlichen Feste. Seine Eltern glaubten an Allah und Mohammed, den Propheten. „Es ist der gleiche Gott, den Juden, Moslems und Christen haben", hatte sein Vater gesagt. So nahmen ihn also auch die Christenkinder mit zur Kirche, als ob das selbstverständlich wäre. Aber dann kam eines Tages der Schock. Sie hatten ihm von Weihnachten erzählt, von der Geburt des Christuskindes, von den Drei Königen, aber auch von jenen Festen, die eigentlich nur für die Kinder gedacht sind. Und immer, wenn solche Tage kamen, war unser kleiner Türkenjunge allein.

Gestern abend hatten sie Sankt Martin gefeiert. Der Reitersmann war durch das Dorf geritten, gefolgt von einer großen Kinderschar, die Fackeln trugen. Auf dem Marktplatz angekommen, hatte ein Bettler um einen Rock gebeten, und, weil nichts Passendes zur Hand war, teilte Martinus kurzerhand seinen eigenen, prächtigen roten Mantel und schenkte ihn dem Armen. Noch heute klang Halil das Martinslied in den Ohren.

In einigen Wochen stand wieder ein Kinderfest auf dem Kalender, Sankt-Nikolaus-Tag. Der Bischof lebte vor mehr als tausend Jahren in Myra, etwa da, wo heute die türkische Stadt Mersin liegt, am Golf von Iskenderun. Am 6. Dezember also würden alle Christenkinder wieder daheim ihre Feste feiern. Der Bischof käme, wie es heute noch die Leute in der Türkei tun, auf einem Esel geritten – und sein Knecht trüge den großen Sack mit feinen Leckerbissen auf dem Rücken.

An diesem Abend schlief Halil kaum ein. Es wurde ihm zum erstenmal ganz deutlich, daß Gastarbeiterkinder wie Fremde sind.

Unterdessen aber zerbrachen sich auch andere über das gleiche Problem den Kopf. Halils Vater hatte mit seinen türkischen Freunden schon im Vorjahr überlegt, wie sie den heranwachsenden Kindern das Gefühl nehmen könnten, weniger zu sein als ihre Schulkameraden. Auch sie spürten, daß gerade diese christlichen Feste eine Trennungswand zögen. Aber niemand wußte Rat. Bis wenige Tage vor St. Nikolaus Halils Vater auf eine Idee kam. Er hatte sich eine alte Heiligenlegende besorgt und das Leben seines Landsmannes, des heiligen Nikolaus, gelesen. Des Mannes, der den jungen Leuten, die in Not waren, heimlich seine Gaben durchs Fenster reichte. Der 5. Dezember war gekommen. Die Sivas saßen bei Tisch. Während Halil seine Suppe löffelte, zwinkerte Vater Sivas seiner Frau zu und sagte dann wie beiläufig: „Morgen werde ich später nach Hause kommen, weil ich viel Arbeit habe. Macht euch also keine Sorgen. Und du, Halil, bleibst schön bei der Mutter, damit sie nicht allein ist." Die Großen wußten ganz genau, daß Halil sich gerne am Nikolausabend hinausgestohlen hätte, um durch das Dorf zu schleichen und wenigstens in dem einen oder anderen Fenster die Bescherung zu erleben. Im vorigen Jahre hatte man ihn suchen müssen. Er war plötzlich verschwunden. Vater und Mutter fanden ihn auf dem Trittbrett eines Lieferwagens stehend, von dem aus er unbemerkt in eine Stube schauen konnte.

6. Dezember: Morgens früh begann es zu schneien. Sivas' Häuschen lag am Rande eines hohen Tannenwaldes, etwas abseits vom Dorf. Ehemals hatten hier Wochenendler gewohnt, aber Gastarbeiter waren froh, ein Dach über dem Kopf zu haben. Gegen 12.30 Uhr stand Herr Sivas bei seinem Abteilungsleiter und bat um ein Gespräch. Nach fünf Minuten gab ihm dieser die Hand, lachte ihm freundlich zu und sagte: „Viel Glück, die Sache geht klar!" Herr Sivas hatte sich einen halben Tag Urlaub genommen. Als er eine Stunde später beim Lehrer Maier des Nachbarortes klopfte, mußte er sich innerlich zur Ruhe zwingen. Der alte Herr mit dem silbernen Haar ließ ihn freundlich ein. Sivas stellte sich vor, Gastarbeiter, Türke, und dann kam die leidige Geschichte von seinem Sohn und dessen Kummer mit den christlichen Festen. „Ich habe mir heute freigenommen, Herr Lehrer. Schon gestern hat mir ein Arbeitskollege einen Esel besorgt, den ich für einige Stunden ausleihen kann. Ein junger Türke will den Ruprecht machen. Wir haben eine Bischofsmütze, einen Bart und einen Stab gebastelt. Mir fehlen nur das weiße Gewand und der rote Mantel. Können Sie uns helfen? Ich will nicht selbst zum Pfarrer gehen. Ich bin Mohammedaner." Das Gesicht des alten Herrn Maier hatte sich von Satz zu Satz aufgehellt. Die kleinen Fältchen an seinen Augen strahlten vor Schmunzeln. „Herr Sivas, das ist ein Gedanke! Sie machen Ihrem

Jungen den Nikolaus. Es wird ein großes Fest." Langsam stand er auf und ging zum Telefon. Ein kurzes Gespräch mit dem Pfarrer. Dann nickte er freundlich.

Der heilige Nikolaus von Myra hatte heute einen weiteren Weg als sonst, damit er weder von den Kindern im eigenen Dorf noch vor allem von Halil entdeckt wurde. Er und sein Helfer luden die Utensilien, die feierlichen Gewänder und den großen Sack mit den vielen kleinen Köstlichkeiten dem schwarzen Esel auf den Rücken, und so marschierten die drei auf Umwegen in den Wald, an dessen Ende das Wochenendhäuschen lag. Sie stapften in der letzten Sonne durch den fußhohen Schnee, bis sie das Dach von ferne sahen, und bogen dann in eine Schneise ein, die rechts und links, von mächtigen Fichten geschützt, sie unerkannt bis dicht an das Häuschen führte. Kurz davor wurde haltgemacht und aus Vater Sivas ein prächtiger Nikolaus, der nun mit seinem langen Gewand quer waldein durch den Schnee stiefeln mußte. Als sie aus dem Walde traten, brach die Dämmerung über das Land herein. Drinnen wurde Licht angezündet. Man sah die Mutter am Herd stehen und Halil seine Schularbeiten machen. Da klopfte es an die Tür. Zu dieser Zeit? Ganz ungewohnt! Die Mutter blieb ruhig. Halil lief, um zu öffnen, und prallte, wie von etwas Unfaßbarem berührt, zurück. Da stand wahrhaftig in Leibesgröße Knecht Ruprecht auf der Schwelle – und hinter ihm, es war nicht zu fassen, der Nikolaus von Myra. Auf dem Rücken des Esels aber lag ein großer, grauer Sack. – Das war für Halil zuviel. Er tat einen Schrei und flüchtete zur Mutter, als wäre er noch ein ganz kleiner Junge. Vater Sivas grüßte mit tiefer Stimme, und Halils Aufregung sorgte dafür, daß nicht die leiseste Ahnung in ihm darüber aufkam, wer wohl dieser Mann sein könnte. Sie banden den Esel an der Haustür fest und nahmen ihm den Sack vom Rücken. Frau Sivas lud sie freundlich ein, hereinzukommen. Halil hatte sich inzwischen aufgerafft, dem heiligen Mann die Hand zu geben. Knecht Ruprecht ging auf den Kleinen zu, nahm das runde Gesicht in seine Hände und flüsterte ihm ins Ohr: „Halil, zu braven Kindern bring' ich nur Gutes." St. Nikolaus hatte sich inzwischen auf einen wohlvorbereiteten alten Stuhl gesetzt, der so recht zu ihm paßte: „Halil", sagte er dann zu dem immer noch Überraschten, „ich komme aus der großen Heimat deiner Eltern, aus Myra, und reise um die Welt, um die Bösen zu tadeln, die Guten zu loben. Weil ich dich kenne, wie dich kaum ein anderer kennt, habe ich mich heute zuerst zu dir auf den Weg gemacht. Hinterdrein erst kommen die Kinder des Ortes an die Reihe. Ich weiß, daß es deine Eltern hier im fremden Lande schwer haben. Aber Gott sieht alle Menschen und vergißt keines ihrer guten Werke." Inzwischen hatte Knecht Ruprecht seinen großen Sack geöffnet, und heraus purzelten goldbraune Apfelsinen, rotbakkige Äpfel, Nüsse, Schokoladenriegel und selbst ein buntfarbiger, warmer Pullover, den sich Halil schon im letzten Winter gewünscht hatte. Als dem Jungen dabei dicke Freudentränen über die Backen liefen, konnte auch der alte Sivas einen Augenblick seine Stimme nicht beherrschen. Er holte tief Luft und schwieg, damit er sich nicht verriet. Das Scharren des Esels vor der Tür gab ihm einen guten Anlaß, zum Aufbruch zu mahnen. Sie hätten noch einen weiten Weg und der Schnee könnte tiefer werden. So legte er dem kleinen Halil nochmals seine große Hand auf den Kopf und sagte: „Sei fleißig, mein Junge, und lerne gut, dann wird auch das fremde Land dir zur Heimat werden." Als sich die Tür hinter ihm schloß, lief Halil die Treppe hoch und sah vom Fenster des Flures in den dunklen Wald, zwischen dessen Fichtenstämmen St. Nikolaus davonzog, der heilige Mann aus Myra. Er hatte ihn nicht vergessen.

Wozu die Liebe den Hirtenknaben veranlaßte

Karl Heinrich Waggerl

In jener Nacht, als den Hirten der schöne Stern am Himmel erschienen war und sie machten sich alle auf den Weg, den ihnen der Engel gewiesen hatte, da gab es auch einen Buben darunter, der noch so klein und dabei so arm war, daß ihn die anderen gar nicht mitnehmen wollten, weil er ja ohnehin nichts besaß, was er dem Gotteskind hätte schenken können.
Das wollte nun der Knirps nicht gelten lassen. Er wagte sich heimlich ganz allein auf den weiten Weg und kam auch richtig in Bethlehem an. Aber da waren die anderen schon wieder heimgegangen, und alles schlief im Stall. Der hl. Josef schlief, die Mutter Maria und die Engel unter dem Dach schliefen auch, und der Ochs und der Esel, und nur das Jesuskind schlief nicht. Es lag ganz still auf seiner Strohschütte, ein bißchen traurig vielleicht in seiner Verlassenheit, aber ohne Geschrei und Gezappel, denn es war ja ein besonderes braves Kind, wie sich denken läßt.
Und nun schaute das Kind den Buben an, wie er da vor der Krippe stand und nichts in Händen hatte, kein Stückchen Käse und kein Flöckchen Wolle, rein gar nichts. Und der Knirps schaute wie-

derum das Christkind an, wie es da liegen mußte und nichts gegen die Langeweile hatte, keine Schelle und keinen Garnknäuel, rein gar nichts.

Da tat dem Hirtenbuben das Himmelskind in der Seele leid. Er nahm das winzig kleine Fäustchen in seine Hand und bog ihm den Daumen heraus und steckte ihn dem Christkind in den Mund.

Und von nun an brauchte das Jesuskind nie mehr traurig zu sein, denn der arme, kleine Knirps hatte ihm das Köstlichste geschenkt, was einem Wickelkind beschert werden kann: den eigenen Daumen.

Bernhard

Marina Thudichum

Bernhard steht vorm Eingang des Warenhauses. Er steht mit eingezogenem Kopf, die Hände in den Hosentaschen vergraben. Die große Glastür schwingt unaufhörlich, die Menschen strömen an Bernhard vorbei. Je nachdem sie gelaunt sind, fragen sie ihn: „Bist du hier der Portier, Kleiner?" oder sie fahren ihn an: „Dummer Bengel, geh doch zur Seite!"

Bernhard gibt keine Antwort. Nur dem Herrn, der ihn ärgerlich fragt: „Mußt du denn gerade *hier* warten?" entgegnet er still: „Ja, ich muß!" Der Herr bleibt einen Augenblick überrascht stehen. Er will weiterfragen, dann besinnt er sich. Schließlich – was geht ihn der fremde Bub an? Und er verschwindet hinter der Glastür.

Bernhard bohrt die Hände tiefer in die Hosentaschen. Mit der rechten umkrampft er ein Fünfzigpfennigstück. Die linke liegt auf einer, mit bunten Bonbons gefüllten Cellophantüte.

Bernhard würde viel darum geben, wenn diese Tüte noch da läge, wo sie vor kurzer Zeit gelegen hat: am Süßwarenstand des Warenhauses. Wenn Bernhard nicht die Tüte unter seiner Hand fühlen könnte, er würde bestimmt alles für einen bösen Traum halten. Aber die Tüte ist da, und so muß das Schreckliche stimmen.

Bernhard versucht nachzudenken.

Er hat keinen Freund gehabt, ehe Richard zu ihm in die Klasse kam. Richards Eltern waren aus einem anderen Stadtteil zugezogen. Er war um ein Jahr älter als die andern und größer als sie. Alle bewunderten ihn.

Richard konnte klettern und springen. Er konnte mit unglaublicher Fingerfertigkeit Zauberkunststücke vorführen und kannte eine Menge grusliger Wildwestgeschichten, die er bereitwillig zum besten gab. Bernhard war außer sich vor Stolz gewesen, daß Richard gerade ihn zum Freund nahm, den keiner sonderlich beachtete.

Sie waren schon öfters zusammen weg gewesen. Richard hatte immer Geld, er knauserte nicht damit. Er nahm Bernhard mit in die Eisdiele, ins Kino und an den Würstchenstand. Bernhard war voll Bewunderung und Dankbarkeit gewesen.

Heute waren sie miteinander ins Warenhaus gegangen. „Ich will meiner Mutter was zum Namenstag kaufen", hatte Bernhard gesagt. „So einen Eierbecher mit einem kleinen Huhn vorne darauf. Meine Mutter heißt Franziska."

„So, so, Franziska", hatte Richard zerstreut geantwortet und hatte Bernhard durch das Menschengewühl hinter sich hergezogen, bis sie am Süßwarenstand angelangt waren. Da herrschte ein wilder Betrieb. Die beiden Verkäuferinnen hatten ihre liebe Not, zurechtzukommen. Von allen Seiten streckten sich ihnen Hände mit Geldstücken entgegen, alle riefen und fuchtelten gleichzeitig. Richard und Bernhard standen eingekeilt in die kauflustige Menge, gerade vor dem Drahtkorb, in dem sich die bunten Bonbontüten türmten. Bernhard wollte seinen Freund eben fragen: „Willst du hier was kaufen?" Da fühlte er Richards Hand in seiner Hosentasche. „Geh raus", hatte Richard geflüstert, „warte vorm Eingang, wir teilen uns die Tüte dort!" Bernhard hatte den Freund ungläubig angestarrt – aber war das denn noch sein Freund, dieser Junge, mit den zusammengekniffenen Augen und der bösen Falte auf der Stirn? Bernhard hatte zu zittern angefangen, aber Richard hatte noch einmal sehr leise befohlen: „Geh 'raus, sag' ich dir!"

Da hatte sich Bernhard eine Gasse gebahnt. Er war über fremde Füße gestolpert, hatte sich an gefüllten Einkaufstaschen vorbeigequetscht, und war mit dem Kopf gegen eine Vitrine gerannt. Und endlich war die große Glastür hinter ihm zugeschwungen.

Bernhard lehnt sich gegen die Mauer. Kein Zweifel, sein Freund ist ein Dieb. Es ist etwas Furchtbares, ein Dieb zu sein. Was hat Bernhards Vater erst neulich gesagt? „Wenn ich mal erfahren sollte, daß du irgend etwas nimmst, was dir nicht gehört, und wenn es nur ein alter Bleistift ist, dann ergeht's dir schlimm." Nun, Bernhard hat nicht gestohlen. Aber er hat doch beim Stehlen geholfen. Er hätte es der Verkäuferin sofort sagen müssen. Aber hätte sie ihm denn geglaubt? Er hatte doch die Tüte in seiner Hosentasche. Und Richard wäre sicher sofort weggelaufen. Und die Verkäuferin hätte bestimmt gesagt: „Das ist aber eine komische Geschichte, die du mir da erzählst." Das sagen die Erwachsenen immer, wenn sie keine Zeit haben, einen anzuhören. Und die Verkäuferin hatte doch gar keine Zeit . . .

„Wo hast du die Tüte?" Bernhard zuckt zusammen. Vor ihm steht Richard und streckt die Hand aus. „Hier", sagt Bernhard.

„Na, dann wollen wir teilen", meint Richard und lacht ein bißchen.

„Nein", wehrt Bernhard ab und preßt sich gegen die Wand. „Ich mag nichts. Geh weg! Weggehen sollst du!" Richard richtet sich zu seiner ganzen Länge auf. „Na, schön", sagt er, „laß es, du Dummkopf!" Und drohend fügt er hinzu: „Wehe, wenn du petzt!"

Dann läuft er die Treppe hinunter.

Bernhard steht noch eine Weile gegen die Mauer gelehnt. Dann macht er ein paar zögernde Schritte. Sofort nimmt ihn der Strom der fremden Menschen auf und drängt ihn der Straße zu.

Am Murmeltierbau

Hermann Löns

Das war ein heißer Tag. Frühmorgens war ich, von Berchtesgaden kommend, über den Königssee gefahren und dann in sengender Sonnenglut die Saugasse[1] hinaufgestiegen. Wo die ersten Alpenrosen blühten, hatte ich Rast gemacht und gefrühstückt. An der steilen Wand über mir ästen sich drei Gemsen auf einem schmalen Grasbande. Das war mir schon Erquickung genug bei dem stundenlangen Aufstieg in der Sonne über die Schottertreppen der Saugasse. Aber es kam noch allerlei Schönes. Schneeraben sah ich um unzugängliche, graugelbe Wände schweben mit schwalbenähnlichem Fluge, sah ein Paar rosenflüglige Mauerläufer an den Klippen auf der Suche nach Spinnen und Käfern emporflattern, beobachtete Wacholderdrosseln und Kreuzschnäbel und trat schließlich, als ich Kühlung suchte an einem winzigen Gletscher, einem Duodezgletscher, einen Alpenhasen aus dem Lager.

Als ich mir an Schneewasser Hals und Handgelenke gekühlt hatte, suchte ich unter der steilen Felswand einen schattigen Platz zur Mittagsrast, und nachdem mein Mahl, Speck, Brot, Käse und ein Schluck Enzian, beendet war, da machte ich es mir bei einer Pfeife bequem.

Es war ein reizendes Fleckchen Erde. Hüben und drüben die steilen Wände, dazwischen der Schneefleck, im Abschmelzen begriffen, gemustert von den Spuren des Schneehasen und den Fährten der Gemsen. Aus dem schwarzen, nassen Boden leuchteten weiße Röschen, gelbe Veilchen, umflattert von dunklen Faltern, umschwirrt von Bienen und Fliegen. Unten in den Krummkiefern schmetterte ein Zaunkönig sein keckes Lied, oben von den Wänden klang der heisere Schrei der Alpendohlen, Heuschreckengeschwirre erscholl aus dem blumigen Schotterabhang.

Da ertönte unter mir ein Pfiff, so schneidend, so gellend, daß ich jäh aufschreckte, ein Pfiff, so laut, daß er von den Wänden widerhallte wie ein Peitschenschlag. Vorsichtig richtete ich mich auf, da fuhr da unten ein graubraunes Ding durch das Geröll und verschwand. Ich saß und wartete, aber der Pfiff ertönte nicht wieder, und so stieg ich wieder bergan durch die bunte Herrlichkeit von Almenrausch und Kugelranunkel, Waldrebe und Glockenblume, Enzian und Narzissenanemone, bis der Weg ebener wurde und ich bei der Unterkunftshütte auf der Funtenseealm anlangte.

[1] Saugasse: Name für einen Gebirgsaufstieg

Da war alles voll und für mich kein Bett zu haben zum Nachmittagsschläfchen. So stieg ich denn nach dem Kaffee zum Funtensee hinab, freute mich an den tiefrosenroten Mehlprimeln, beobachtete die Saiblingsbrut und wollte mir gerade unter einem Busch zwischen rotblühendem Almenrausch ein Lager machen, als jenseits des kleinen Sees der gellende Pfiff ertönte, wohl zwanzigmal.
Da saß, steilaufgerichtet, ein braunes Ding wie ein Pfahl und pfiff wie ein Fuhrmann. Dann verschwand es, tauchte wieder auf, erst halb, dann ganz, und pfiff wieder, daß es von allen Felswänden widerhallte.
Ein Trupp Bergfahrer zog an mir vorbei, den rotbezeichneten Weg entlang. Ich ging ihnen nach. Als sie sich dem sonnigen Grasabhang näherten, von dem das alte Murmeltier eben so laut gepfiffen hatte, da fuhr es zu Bau.
Unweit des Baues, kaum fünfzig Schritte davon, liegt am See eine zerklüftete Felsgruppe, herabgestürzt von der steilen Wand. Da

suchte ich mir einen Platz und wartete in Ruhe der Murmeltiere, die da kommen sollten.

Ich mußte lange warten und hatte Zeit genug, unter mir im Wasser die Saiblinge beim Fliegenfang zu beobachten und den Bienen, Hummeln und Dukatenfaltern zuzusehen, die über die hellrot getüpfelten Rasen der Zwergprimeln, über die goldenen Ziströschen, den tiefblauen, winzigen Enzian und die veilchenblauen und weißen Blüten des Fettkrauts tanzten, und den Bergbachstelzen, die am Ufer umherwippten und Mücken fingen.

Endlich erschien in dem einen der vier schwarzen Löcher des grünen Abhanges ein graubrauner Punkt, eben sichtbar. Wohl zehn Minuten lang blieb er so, dann vergrößerte er sich um das Doppelte, blieb wieder fünf Minuten so, vergrößerte sich wieder, verharrte wieder so, und endlich, endlich schob sich ein altes Murmeltier heraus. Lange sicherte es, machte ab und zu ein Männchen und rutschte dann langsam und träge um den Baum herum, äsend und immer wieder sichernd, bis es sich's schließlich in der Sonne behaglich machte, regungslos, als wäre es ein graubrauner Stein.

In der Nachbarröhre erschien auch ein graubrauner Fleck, sicherte nur ein kleines bißchen und schob sich dann ganz heraus. Ein halbwüchsiges Murmel war es, das unbekümmert weit vom Bau sich entfernte, hier an einer Pflanze knabberte, dort an einer anderen nagte, sich putzte, sich kratzte und dann zu dem alten Weibchen rutschte und sich die Sonne ebenfalls auf den Balg brennen ließ.

Endlich erschien auch in der dritten Röhre ein grauer Fleck, aber über zehn Minuten dauerte es, ehe der alte Herr die Luft rein fand. Nach allen vier Windrichtungen sicherte und windete er, der mißtrauische Bursche, dessen lange, dunkelgelbe Nagezähne weithin blitzten. Und dann machte er ein Männchen, auch wohl zehn Minuten lang, und sicherte und windete noch eine Zeit, und dann endlich entschloß er sich ebenfalls, sich zu äsen.

Noch ein viertes Stück erschien und äste sich, und auch die beiden anderen rutschten langsam und bedächtig von einer Viehtreppe zur anderen, drollig anzusehen in ihrer langweiligen Bedächtigkeit. Nur das alte Männchen vergaß nicht eine Minute die Vorsicht; alle Augenblicke machte es einen Kegel und sicherte.

Eine Stunde lang besah ich mir durch mein Glas die sonderbare Gesellschaft. Auf einmal machten sie alle Männchen; vier braune Pfähle, drei große und ein kleiner, standen da, und als das Knirschen der Nagelschuhe herankommender Bergfahrer auf dem Geröll näherkam und das Aufstoßen der Bergstöcke, da fielen die vier graubraunen Pfähle um und verschwanden in den Röhren.

Schwänke

Wie ein armer Mann seine Zeche zahlte

Unbekannter Verfasser

Ein armer Mann kam einmal in ein Gasthaus, das einem habgierigen Wirt gehörte. Über dem Feuer wurde gerade ein großes Stück Fleisch am Spieß gebraten. Der Mann war sehr hungrig. Und das Fleisch roch so gut, daß der arme Mann noch viel, viel hungriger wurde. Aber er hatte nicht genug Geld, um eine Mahlzeit zu bezahlen. Da nahm er ein Stück Brot aus seiner Tasche und hielt es zwischen den Braten und das Feuer, damit das Brot den Geruch des Bratens annahm. Er aß das Brot und wollte gehen. Der Wirt aber, der ihn beobachtet hatte, hielt ihn auf und verlangte, er solle seine Zeche zahlen. Der arme Mann sagte: „Ihr habt mir weder etwas zu essen noch etwas zu trinken gegeben. Wofür soll ich zahlen?" Der Wirt entgegnete: „Du hast etwas zu dir genommen, das mir gehört, nämlich den Bratengeruch, und dafür verlange ich Bezahlung." Sie stritten eine Weile, bis der arme Mann schließlich das einzige Geldstück hervorholte, das er besaß. Das warf er auf den Tisch und fragte: „Habt Ihr das Geld klingen hören?" Der Wirt sah ihn erstaunt an und nickte. Schnell steckte der arme Mann die Münze wieder ein und sagte: „Dann habt Ihr Eure Bezahlung erhalten. Der Klang des Geldes ist genausoviel wert wie der Geruch des Bratens." Da merkte der Wirt, daß der arme Mann noch listiger war als er selber, und mußte ihn gehen lassen.

Geizhälse

Hammer Purgstall

Abu Nasr Thelebi erzählt: Ein Geizhals aus Kufa habe gehört, daß es in Bassorah einen größeren Geizhals gäbe, bei dem er in die Schule gehen könne. Er zog also nach Bassorah und gebärdete sich wie ein Anfänger in der Kunst, geizig zu sein, der von einem so großen Meister lernen wolle. „Willkommen", sprach der Geizhals von Bassorah, „wir wollen gleich auf den Markt gehen und einkaufen."
Sie gingen zum Bäcker: „Hast du ein gutes Brot?"
„Zu dienen, meine Herren, frisch und weich wie Butter."

„Du siehst", sagte der Mann aus Bassorah zu dem aus Kufa, „daß Butter besser ist als Brot, das mit ihr verglichen wird. Wir werden uns also mit Butter behelfen."
Sie gingen zum Greisler[1] und fragten, ob er gute Butter habe. „Zu dienen: Butter frisch und schmackhaft wie das köstliche Olivenöl."
„Du hörst", sprach der Wirt zum Gast, „die Butter wird dem Öl verglichen, das um vieles vorzuglicher sein muß."
Nun gingen sie zum Ölverkäufer. „Hast du gutes Öl?" „Vom besten, klar und hell wie Wasser."
„Ei, ei", sprach der Geizhals von Bassorah zu dem von Kufa, „so ist also Wasser die beste Kost. Ich habe zu Hause eine ganze Kufe voll, und ich will dich herrlich bewirten." Und er setzte seinem Gast wirklich nur Wasser vor, weil es besser als Öl, wie Öl besser als Butter, wie Butter besser als Brot sei. „Allah sei Lob", sagte der Geizhals aus Kufa, „ich habe meine Reise nicht umsonst gemacht, sondern etwas Tüchtiges gelernt."

Wie Eulenspiegel sich einem Schneider verdingte . . .

Unbekannter Verfasser

Als Eulenspiegel gen Berlin kam, da verdingte er sich als Schneidergeselle. Als er nun in der Werkstatt saß, da sagte der Meister: „Geselle, willst du nähen, so nähe so fein, daß man es nicht sieht!" Eulenspiegel sagte: „Ja", und nahm Nadel und Zeug und kroch unter eine Bütte und legte eine Naht über ein Knie und begann daran zu nähen. Der Schneider stand und sah das an und sprach zu ihm: „Was willst du tun? Das ist eine seltsame Art zu nähen!" Eulenspiegel sprach: „Meister, Ihr sagtet, ich sollte nähen, daß man's nicht sähe. So sieht es niemand." Der Schneider sprach: „Nein, mein lieber Geselle, hör auf und nähe nicht mehr so, sondern nähe, daß man's sehen kann!" Das währte einen Tag oder drei; dann arbeiteten sie einmal bis in die Nacht. Der Schneider ward müde und wollte zu Bett gehen. Da lag ein grauer Bauernrock, halb ungenäht, den warf er Eulenspiegel hin und sagte: „Sieh hin, mach den Wolf fertig und geh dann auch zu Bett!" Eulenspiegel sagte: „Ja, geht nur hin; ich will's schon recht machen." Der Meister ging zu Bett und dachte nichts dabei. Eulenspiegel nahm den grauen Rock

[1] Greisler: Lebensmittelhändler

und schnitt ihn auf und machte daraus einen Kopf wie von einem Wolf, dazu Leib und Beine, und spreizte alles mit Stecken auseinander, daß es aussah wie ein Wolf, und ging auch zu Bett.
Des Morgens stand der Meister auf und weckte Eulenspiegel und fand den Wolf in der Kammer stehen. Der Schneider verwunderte

Till Eulenspiegel (Abdruck der Ausgabe aus dem Jahre 1515)

sich, doch sah er wohl, daß es ein gemachter Wolf war. Indem kam Eulenspiegel dazu. Da sprach der Schneider: „Was zum Teufel hast du gemacht?" Er sprach: „Einen Wolf, wie Ihr mich geheißen." Der Schneider sagte: „Solch einen Wolf meinte ich nicht, nur den grauen Bauernrock; den nannte ich einen Wolf." Eulenspiegel sagte: „Lieber Meister, das wußte ich nicht. Hätte ich aber gewußt, daß Eure Meinung so gewesen wäre, so hätte ich lieber den Rock gemacht als den Wolf." Nun, der Schneider gab sich damit zufrieden; es war geschehen.

Nach vier Tagen fügte es sich, daß der Meister eines Abends müde war und gern zeitig geschlafen hätte, doch dünkte es ihn, es wäre noch zu früh, daß der Geselle zu Bett gehen sollte. Nun lag da ein Rock, der war fertig, bis auf die Ärmel. Da nahm der Schneider den Rock und die losen Ärmel und warf sie Eulenspiegel hin und sagte: „Wirf die Ärmel an den Rock, und geh dann zu Bett!" Eulenspiegel sagte: „Ja." Der Meister ging zu Bett, und Eulenspiegel hängte den Rock an den Haken und zündete zwei Lichter an, an jeder Seite des Rockes eins, und nahm einen Ärmel und warf den daran und ging auf die andere Seite und warf den andern auch daran. Und wenn die zwei Lichter niedergebrannt waren, so zündete er zwei andere an und warf die Ärmel an den Rock, die Nacht hindurch bis morgens. Da stand der Meister auf und kam in die Kammer, aber Eulenspiegel kümmerte sich nicht um den Meister und warf weiter mit den Ärmeln. Der Schneider stand da und sah das an und sprach: „Zum Teufel, was treibst du da für ein Gaukelspiel?" Eulenspiegel sprach ernst: „Das ist mir kein Gaukelspiel! Ich habe die ganze Nacht dagestanden und diese dummen Ärmel an den Rock geworfen; aber sie wollen nicht daran kleben bleiben. Es wäre wohl besser gewesen, Ihr hättet mich schlafen gehn heißen, statt mir aufzutragen, sie daran zu werfen. Ihr wußtet doch, daß es verlorene Arbeit war!" Der Schneider sprach: „Ist das nun meine Schuld? Wußte ich denn, daß du das also verstehen würdest? Ich meinte das nicht so; ich meinte, du solltest die Ärmel an den Rock nähen." Da sagte Eulenspiegel: „Das lohn' Euch der Teufel! Pflegt Ihr ein Ding anders zu nennen, als Ihr es meint? Wie könnt Ihr das zusammenreimen? Hätte ich Eure Meinung richtig gewußt, so hätte ich die Ärmel gut angenäht und auch noch ein paar Stunden geschlafen. So möget Ihr nun den Tag über sitzen und nähen, und ich will hingehen und mich schlafen legen!" Der Meister sagte: „Nein, nicht also; ich will keinen Schläfer bezahlen." Und sie fingen an, miteinander zu zanken, so daß der Schneider schließlich verlangte, er solle ihm die Lichter bezahlen, die er ihm verbrannt hätte. Da raffte Eulenspiegel seine Sachen zusammen und wanderte davon.

lichtung

Ernst Jandl

manche meinen
lechts und rinks
kann man nicht
velwechsern.
werch ein illtum!

Der Heuschreck

Ernst Klotz

Ein Heuschreck seinen Schreck verlor,
da kam er sich unmöglich vor,
denn dies Gefühl war ihm ganz neu:
Kein Heuschreck mehr, nein, nur noch Heu!
Doch hat dies Heu sich instinktiv
den Schreck, der ihm durchs Rückrat lief,
gleich hinten wieder angeklebt,
worauf der Heuschreck – weiterlebt!

Märchen

Ein Wunsch ist frei

Volksgut: Französisches Märchen

In einem Dorfe in der Bretagne lebte einst ein herzensguter junger Mensch namens Korentin. Die Natur hatte ihn recht stiefmütterlich behandelt, denn er trug einen großen Buckel durchs Leben. Aber jedermann mochte ihn gern, denn er war immer fröhlich und unbekümmert, und außerdem verstand er es ganz wunderbar, mit seiner Geige zum Tanz aufzuspielen.

Als er einst, das Instrument unter dem Arme, von einer Hochzeit heimkehrte, führte ihn der Weg durch die einsame Heide, wo die Korrigans, die bretonischen Wichtelmänner, wohnen. Es war gerade Mitternacht, da sah er plötzlich eine Menge von diesen kleinen Geistern vor sich stehen. Sie umringten ihn und riefen fröhlich: „Du mußt uns mit deiner Fiedel zum Tanze aufspielen. Machst du es gut, so sollst du belohnt werden!"

Korentin tat ihnen gern den Gefallen und spielte die ganze Nacht hindurch, während die Zwerglein in fröhlichem Gewimmel um ihn herumtanzten. Erst als der Morgen graute, hörten sie auf.

„Was willst du als Belohnung?" fragten sie ihn, „Geld oder Schönheit?" „Ich will kein Geld", sagte der Geiger, „aber wenn ihr mich von meinem Buckel befreien würdet, wäre ich der glücklichste Mensch unter Gottes Sonne."

Ehe Korentin sich's versah, kletterte einer der Korrigans an ihm empor, klopfte ihm auf den Rücken – der Buckel war verschwunden! Überglücklich kehrte Korentin heim. Vor seinem Haus traf er seinen Nachbarn, den Schuster. „Nanu", rief dieser, „wo hast du denn deinen Buckel gelassen? Ich glaube fast, du hast deine Seele dem Teufel verschrieben!"

„Nein, nein", versetzte Korentin, „hör mir zu!" Und dann erzählte er sein seltsames Abenteuer.

Der Schuster war bekannt wegen seiner Geldgier. „Wie kann man nur so dumm sein, das Geld auszuschlagen", rief er. „Ich werde klüger sein!"

In der nächsten Nacht ging er mit seiner Geige auf die Heide. Wirklich erschienen die Korrigans und baten ihn zu spielen. Er spielte die ganze Nacht hindurch.

„Du kannst wählen", sagten sie dann, „willst du Geld oder Schönheit?"
Der Schuster fürchtete, seine Habsucht allzusehr zu verraten, wenn er den Wunsch zu deutlich ausspräche. Deshalb sagte er bescheiden: „Gebt mir, was mein Nachbar Korentin nicht haben wollte!"
Die Zwerge erfüllten seinen Wunsch aufs Wort. Als der Schuster seinem Dorf zustrebte, trug er auf dem Rücken – *einen Buckel.*

Das Märchen vom goldenen Apfel

Volksgut: Armenisches Märchen

In alten Zeiten lebte einmal ein König, der war sehr reich. Da er nicht wußte, was er mit seinem vielen Gelde anfangen sollte, ließ er im ganzen Reich verbreiten, daß derjenige, der ihm die größte Lüge erzählen könnte, einen Apfel ganz aus Gold bekäme.
Von nah und fern kamen nun die Leute herbeigeströmt, und einer log immer hanebüchener als der andere. Jedesmal aber sagte der König: „Na, so schlimm ist das auch wieder nicht – es könnte ja schließlich wahr sein."
Eines Tages kam ein junger Bursche mit einem Krug in der Hand. „Herr König", sagte er, „ich bin gekommen, um die Goldstücke abzuholen."
„Was denn nur für Goldstücke?" fragte der König erstaunt.
„Erinnerst du dich nicht? Ich meine den Krug voller Goldstücke, den ich dir vor ein paar Tagen geliehen habe!"
Der König wurde ganz wütend und bezichtigte den Burschen der Lüge. „Nun gut", sagte der fröhlich, „es ist eine Lüge. Also gib mir bitte den goldenen Apfel!"
Da wollte der König recht schlau sein und sagte nachdenklich: „Nicht so eilig, mein Sohn! Wenn ich es mir recht überlege, so hattest du doch recht."
Der Bursche lachte und sagte: „Auch gut, Herr König! Dann bekomme ich also meinen Krug voller Goldstücke."
Nun mußte der König zugeben, daß er von dem jungen Burschen überlistet worden war. Er gab ihm den goldenen Apfel und nahm sich vor, niemand mehr in seinem Leben zur Lüge zu verleiten.

Das Glück liegt auf der Straße

Volksgut: Griechisches Märchen

Es war einmal ein junger Grieche, mit Namen Penteklimas, der verließ sein Dorf, um in der Welt sein Glück zu machen. Unterwegs fand er eine Erbse, die hob er auf und steckte sie ein. Dann stellte er sich vor, wie reich er werden könnte, wenn er diese eine Erbse einpflanzte, dann erntete, wieder pflanzte, erntete und so fort.

Während er so träumte, kam er zu einem Hafen, in dem viele Schiffe vor Anker lagen. Er fragte die Schiffer nach dem Mietpreis, rechnete dann hin und her und sagte schließlich, daß er etwa 220 Schiffe brauche, um sein Vermögen zu verladen. Da staunten alle und hielten ihn für einen reichen Mann. Der König ließ ihn kommen, und als er sicher zu sein glaubte, daß Penteklimas kein Schwindler war, bot er ihm an, seine Tochter zu heiraten. Penteklimas aber wollte erst ausfahren und seine geträumten Schätze herbeischaffen. Nach der Verlobung machte er sich mit 220 Schiffen auf den Weg.

Eines schönen Tages jedoch wurde ihm klar, daß er eigentlich ein Betrüger war. Als eine Insel in Sicht kam, ließ er die Schiffe ankern, ruderte hinüber und wartete. Er hoffte, die Schiffe würden ohne ihn zurückfahren. Aber diese kamen auf die Insel, suchten ihn und fanden dabei eine Höhle, die war voll von Silber, Gold und Edelsteinen. Piraten hatten diesen Schatz versteckt. Wir haben deinen Schatz gefunden, riefen die Schiffer, und da erst wagte Penteklimas sich hervor. Die Schatzkisten wurden auf die Schiffe gebracht und dann fuhren sie in die Heimat zurück.

Nach vielen Jahren Glück mit der Prinzessin wollte Penteklimas ihr einmal erzählen, wie es in Wirklichkeit gewesen war. Da lächelte sie nur. Sie glaubte ihm kein Wort.

Der Gevatter Tod

Brüder Grimm

Es hatte ein armer Mann zwölf Kinder und mußte Tag und Nacht arbeiten, damit er ihnen nur Brot geben konnte. Als nun das dreizehnte zur Welt kam, wußte er sich in seiner Not nicht zu helfen, lief hinaus auf die große Landstraße und wollte den ersten, der ihm begegnete, zum Gevatter bitten. Der erste, der ihm begegnete, das war der liebe Gott. Der wußte schon, was er auf dem Herzen hatte, und sprach zu ihm: „Armer Mann, du dauerst mich; ich will dein Kind aus der Taufe heben, will für es sorgen und es glücklich machen auf Erden." Der Mann sprach: „Wer bist du?" – „Ich bin der liebe Gott." – „So begehr ich dich nicht zum Gevatter", sagte der Mann, „du gibst dem Reichen und läßt den Armen hungern." Das sprach der Mann, weil er nicht wußte, wie weislich Gott Reichtum und Armut verteilt. Also wendete er sich von dem Herrn und ging weiter. Da trat der Teufel zu ihm und sprach: „Was suchst du? Willst du mich zum Paten deines Kindes nehmen, so will ich ihm Gold die Hülle und Fülle und alle Lust der Welt dazu geben." Der Mann fragte: „Wer bist du?" – „Ich bin der Teufel." – „So begehr' ich dich nicht zum Gevatter", sprach der Mann, „du betrügst und verführst die Menschen." Er ging weiter; da kam der dürrbeinige Tod auf ihn zugeschritten und sprach: „Nimm mich zum Gevatter." Der Mann fragte: „Wer bist du?" – „Ich bin der Tod, der alle gleichmacht." Da sprach der Mann: „Du bist der Rechte, du holst den Reichen wie den Armen ohne Unterschied, du sollst mein Gevattersmann sein." Der Tod antwortete: „Ich will dein Kind reich und berühmt machen; denn wer mich zum Freunde hat, dem kann's nicht fehlen." Der Mann sprach: „Künftigen Sonntag ist die Taufe, da stelle dich zu rechter Zeit ein!" Der Tod erschien, wie er versprochen hatte, und stand ganz ordentlich Gevatter.

Als der Knabe zu Jahren gekommen war, trat zu einer Zeit der Pate ein und hieß ihn mitgehen. Er führte ihn hinaus in den Wald, zeigte ihm ein Kraut, das da wuchs, und sprach: „Jetzt sollst du dein Patengeschenk empfangen. Ich mache dich zu einem berühmten Arzt. Wenn du zu einem Kranken gerufen wirst, so will ich dir jedesmal erscheinen: Steh ich zu Häupten des Kranken, so kannst du keck sprechen, du wolltest ihn wieder gesund machen, und gibst du ihm dann von jenem Kraut ein, so wird er genesen. Steh ich aber zu Füßen des Kranken, so ist er mein, und du mußt sagen, alle Hilfe sei umsonst, und kein Arzt in der Welt könne ihn retten. Aber hüte dich, daß du das Kraut nicht gegen meinen Willen gebrauchst, es könnte dir schlimm ergehen!"

Es dauerte nicht lange, so war der Jüngling der berühmteste Arzt auf der ganzen Welt. „Er braucht nur den Kranken anzusehen, so weiß er schon, wie es steht, ob er wieder gesund wird oder ob er sterben muß", so hieß es von ihm, und weit und breit kamen die Leute herbei, holten ihn zu den Kranken und gaben ihm soviel Gold, daß er bald ein reicher Mann war. Nun trug es sich zu, daß der König erkrankte. Der Arzt ward berufen und sollte sagen, ob

Der Tod als Freund

Genesung möglich wäre. Wie er aber zu dem Bette trat, so stand der Tod zu den Füßen des Kranken, und da war für ihn kein Kraut mehr gewachsen. „Wenn ich doch einmal den Tod überlisten könnte", dachte der Arzt, „er wird's freilich übelnehmen; aber da ich sein Pate bin, so drückt er wohl ein Auge zu: ich will's wagen." Er faßte also den Kranken und legte ihn verkehrt, so daß der Tod zu Häupten desselben zu stehen kam. Dann gab er ihm von dem Kraute ein, und der König erholte sich und ward wieder gesund. Der Tod aber kam zu dem Arzte, machte ein böses und finsteres Gesicht, drohte mit dem Finger und sagte: „Du hast mich hinter das Licht geführt.

Diesmal will ich dir's nachsehen, weil du mein Pate bist; aber wagst du das noch einmal, so geht's dir an den Kragen, und ich nehme dich selbst mit fort."

Bald hernach verfiel die Tochter des Königs in eine schwere Krankheit. Sie war sein einziges Kind; er weinte Tag und Nacht, daß ihm die Augen erblindeten, und ließ bekanntmachen, wer sie vom Tode errettete, der sollte ihr Gemahl werden und die Krone erben. Der Arzt, als er zu dem Bette der Kranken kam, erblickte den Tod zu ihren Füßen. Er hätte sich der Warnung seines Paten erinnern sollen, aber die große Schönheit der Königstochter und das Glück, ihr Gemahl zu werden, betörten ihn so, daß er alle Gedanken in den Wind schlug. Er sah nicht, daß der Tod ihm zornige Blicke zuwarf, die Hand in die Höhe hob und mit der dürren Faust drohte; er hob die Kranke auf und legte ihr Haupt dahin, wo die Füße gelegen hatten. Dann gab er ihr das Kraut ein, und alsbald röteten sich ihre Wangen, und das Leben regte sich von neuem.

Der Tod, als er sich zum zweitenmal um sein Eigentum betrogen sah, ging mit langen Schritten auf den Arzt zu und sprach: „Es ist aus mit dir, und die Reihe kommt nun an dich", packte ihn mit seiner eiskalten Hand so hart, daß er nicht widerstehen konnte, und führte ihn in eine unterirdische Höhle. Da sah er, wie tausend und tausend Lichter in unübersehbaren Reihen brannten, einige groß, andere halbgroß, andere klein. Jeden Augenblick erloschen einige, und andere brannten wieder auf, also daß die Flämmchen in beständigem Wechsel hin und her zu hüpfen schienen. „Siehst du", sprach der Tod, „das sind die Lebenslichter der Menschen. Die großen gehören Kindern, die halbgroßen Eheleuten in ihren besten Jahren, die kleinen gehören Greisen. Doch auch Kinder und junge Leute haben oft nur ein kleines Lichtchen." – „Zeige mir mein Lebenslicht", sagte der Arzt und meinte, es wäre doch noch recht groß. Der Tod deutete auf ein kleines Endchen, das eben auszugehen drohte, und sagte: „Siehst du, da ist es." – „Ach, lieber Pate", sagte der erschrockene Arzt, „zündet mir ein neues an, tut mir's zuliebe, damit ich meines Lebens genießen kann, König werde und Gemahl der schönen Königstochter." – „Ich kann nicht", antwortete der Tod, „erst muß eins verlöschen, eh ein neues anbrennt." – „So setzt das alte auf ein neues, das gleich fortbrennt, wenn jenes zu Ende ist", bat der Arzt. Der Tod stellte sich, als ob er seinen Wunsch erfüllen wollte, langte ein frisches, großes Licht herbei; aber weil er sich rächen wollte, versah er's beim Umstecken absichtlich, und das Stückchen fiel um und verlosch. Alsbald sank der Arzt zu Boden und war nun selbst in die Hand des Todes geraten.

Alte Bauernregeln in neuer Fassung

Hugo Scholz

Fliegt die Schwalbe überm Haus,
Bleibt der Regen lange aus.

Fällt der Herdrauch in die Gassen,
wird die Sonne sie verlassen.

Steigt der Rauch zum Himmel auf,
folgt ein schöner Tag darauf.

Frißt der Hund im Garten Gras,
so bedeutet Regen das.

Wenn die Berge nahe stehn,
Sollst du nicht auf Wandrung gehn.

Wirbelwind und Straßenstaub,
fällt der Sonnenschein zum Raub.

Geht der Mond in einem Kragen,
wird die Sonne sich verschlagen.

Steht am Himmel Morgenrot,
ist die Straße bald voll Kot.

Baut sich auf ein Regenbogen,
bleibt die Sonne noch verzogen.

Wirft der Maulwurf hohe Haufen,
werden rinnen bald die Traufen.

Sind die Wolken Lämmern gleich,
plant das Wetter einen Streich.

Mußt du dich im Mai verhüllen,
wird der Herbst die Körbe füllen.

Hängt die Esche voller Beeren,
wird der Winter lange währen.

Hausspruch

HERR CHRIST

nun breit die Arme aus und segne
unser liebes Haus, behüt die Kam-
mern und die Keller und mach sie
alle Tage heller; die Wandrer, die
vorüber eilen, die sollen gern bei uns
verweilen, laß alle guten Geister ein,
tritt selbst, so oft du magst, herein;
und segne Brot und Salz und Flachs
und auch das goldne Lichterwachs,
bewahre uns vor Brand und Flut,
beschirm des Herdes heil'ge Glut
und alle Blumen laß gedeihn und
dir zur Freud gewachsen sein, halt
klar und rein die Wasserquelle und
wehr der Sünde diese Schwelle
Dies Haus weiß um des Kreuzes
Last, die du für uns getragen hast
Herr Christ, nun breit die Arme
aus und segne unser liebes Haus

Sagen

Daidalos und Ikaros

Griechische Sage (erzählt von Richard Carstensen)

Niemand konnte sich wohl mit dem kunstreichen Daidalos messen, der als der größte Baumeister und Bildhauer seiner Zeit galt. Aber Eitelkeit und Neid führten ihn auf den Weg des Verbrechens. Er hatte einen jungen Schüler, der ihn zu überflügeln drohte. Da trieb die Eifersucht den Lehrmeister dazu, den Knaben zu töten.

Daidalos mußte nun heimlich aus seiner Vaterstadt Athen flüchten. Unstet irrte er im Lande umher, bis er schließlich mit seinem Sohne Ikaros auf Kreta eine neue Heimatstatt fand. Minos, der König der Insel, wußte die künstlerischen Fähigkeiten seines Gastes zu schätzen und stellte ihm die Aufgabe, für den Minotaurus, das gräßliche Ungeheuer, das halb Mensch, halb Stier war, eine Unterkunft zu schaffen.

Daidalos war es, der damals das kunstreiche Labyrinth, den Irrgarten mit der verwirrenden Vielzahl von Gängen und Kammern, errichtete. Aber trotz aller Ehren, mit denen Minos die Arbeit des Künstlers zu lohnen wußte, quälte Daidalos der Gedanke an das verlorene Vaterland. Bitteres Heimweh überfiel ihn, und als Minos, der den kunstfertigen Mann nicht gehen lassen wollte, von seiner Sehnsucht vernahm, wurde die Freistatt für Daidalos zur strengen Gefangenschaft. Wo er ging und stand, umgaben ihn auf des Königs Geheiß mißtrauische Wachen. Unmöglich war es, zu Schiff die Insel zu verlassen.

Der kunstreiche Daidalos aber wußte einen Ausweg, der ihm Rettung verhieß. „Mag Minos mir Land und Wasser versperren", rief er entschlossen, „mir bleibt die freie Himmelsluft! Dort werde ich unseren Weg finden! Mag Minos überall seine Kraft ausüben, in der Luft versagt seine Herrschergewalt!"

Daidalos' Erfindungsgeist bezwang die Kräfte der Natur: er nahm Vogelfedern und legte sie der Größe nach in eine genaue Reihenfolge, daß man glauben mochte, sie seien in solcher Ordnung gewachsen. Er verband die Federn in der Mitte mit Fäden und fügte sie an den Kielen mit Wachs zusammen. Nun bog er sie leicht zurück, daß sie ganz die Form von Flügeln hatten. Voll Eifer hielt Ikaros sich an des Vaters Seite und beobachtete, wie das Werk unter den

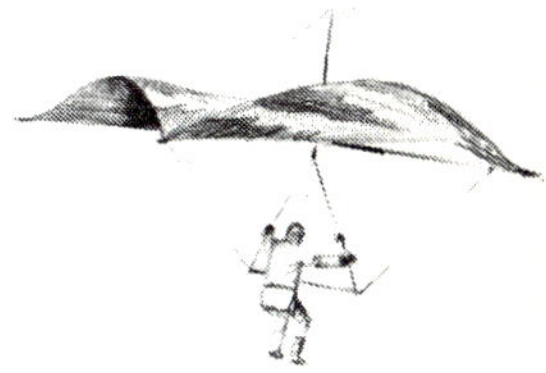

kunstfertigen Händen wuchs. Bald war die letzte Hand an das Wunderwerk gelegt. Daidalos band sich selbst die Flügel an, fand schnell das richtige Gleichgewicht und hob sich leicht in die Lüfte. Zur Erde zurückgekehrt, schnürte er dem Sohn das Flügelpaar, das er für ihn angefertigt hatte, an die Schultern. Dann mahnte er ihn mit väterlicher Sorge: „Ikaros, halte dich immer in der Mitte, ich bitte dich! Denn wenn du zu tief fliegst, so werden die Wellen dir die Flügel beschweren und dich hinabziehen! Steigst du aber zu hoch empor, dann kommst du der Sonne zu nahe, deine Federn fangen Feuer, und das Wachs schmilzt in der Hitze. Zwischen den Wellen und der Sonne halte deinen Flug, folge stets nur meiner Führung!"

Tränen rannen dem Greis die Wangen hinab, als er noch einmal sein Werk überprüfte. Innig umarmte er den Jungen, und dann erhoben sich beide in die Luft. Der Vater flog voran, das Herz voll Sorge, so wie eine Vogelmutter, die ihre zarte Brut aus dem Neste zum erstenmal in die freie Luft führt. „Folge mir getrost!" rief er zurück, und dabei bewegte er selber voll Sorgfalt die Schwingen, um den Sohn die schwere Kunst zu lehren. Doch der Vater durfte sich schnell beruhigen, als er sah, wie sicher der Knabe seinen Weisungen folgte. In schnellem Fluge überquerten sie das blitzende Meer; schon lagen die ersten Inseln des heimatlichen Griechenlands hinter ihnen, als den jungen Ikaros der Übermut trieb, des Vaters Gebot zu mißachten. Der glückliche Verlauf seines ersten Fluges ließ ihn so sehr auf seine eigene Kraft vertrauen, daß er des Vaters Spur verließ und sich auf seinen Flügeln in höhere Regionen erhob. Voll Angst wollte Daidalos seinen Sohn zurückrufen, aber es war schon zu spät.

Kaum war der Knabe der Sonne näher gekommen, da erweichte unter der Gewalt ihrer Strahlen das Wachs, das die Fittiche zusammenhielt, und ehe Ikaros es recht gewahr wurde, waren die Federn aus ihrem Gefüge gelöst und flatterten durch die Lüfte davon. Nur noch einen Augenblick konnte der Junge sich in der Luft halten, dann griffen seine bloßen Arme ins Leere – sie fanden keine Stütze mehr, und haltlos stürzte Ikaros in die gähnende Tiefe.

So schnell war das Unglück gekommen, daß er nicht einmal mehr Zeit fand, einen Schrei auszustoßen. Als Daidalos wieder die Blicke zurückwandte, konnte er zu seinem Entsetzen nichts mehr von seinem Sohne erblicken. Die Flut hatte ihn schon verschlungen.

„Ikaros, Ikaros!" schrie der unglückliche Vater in seiner Verzweiflung, „wo nur, wo soll ich dich suchen?"

Da endlich, als er in die Tiefe schaute, erkannte er einige Federn, die einsam auf dem Wasser trieben.

Das Herz voll Trauer, flog Daidalos an Land; er legte die Flügel ab und irrte am Ufer der kleinen Insel umher, bis die Wellen den Leichnam ans Gestade spülten. Dort begrub er den geliebten Sohn und gab dem Eiland für alle Zeiten den Namen Ikaria.
Es wird berichtet, daß der kunstfertige Daidalos später auf der Insel Sizilien zu großen Ehren kam. Aber nach dem Tode seines Sohnes hat er seinen Seelenfrieden niemals wiedergefunden.

Die Wilde Jagd am Main

Willibald Böhm

Es war in einer stillen Novembernacht. Der Himmel war mit Wolken verhängt, und nur zeitweilig wurde es etwas hell, wenn der halbe Mond zwischen den Wolken erschien. Der Fährmann zu Wintershausen, dessen armselige Hütte am Main stand, lag in tiefem Schlaf. Plötzlich fuhr er erschreckt auf, denn ein fürchterlicher Lärm drang an sein Ohr. Mit verhaltenem Atem lauschte er ein Weilchen, als sich aber der Lärm verstärkte und er vom jenseitigen Flußufer Rufe hörte, die nach ihm verlangten, sprang er aus dem Bette, zog sich hurtig an und lief hinaus. „Hol' uns hinüber, hol' uns hinüber!" schrien Hunderte aus rauhen Kehlen. „Wir haben es eilig und können nicht länger warten." Der Fährmann säumte nicht, bestieg eine Zille[1] und stieß vom Ufer ab. Während der Fahrt hörte er ein Gewirr von dumpfen Stimmen und das laute Wiehern und Stampfen ungeduldiger Pferde, dazwischen auch das Bellen der Hunde und das Blasen der Jagdhörner.
Als aber der Fährmann das Ufer erreichte, konnte er niemanden erblicken, so sehr er auch seine Augen anstrengte; nur an dem wüsten Getrampel und dem Schaukeln der Fähre vermochte er zu erkennen, daß sich eine große Menge lebender Wesen in das Fahrzeug drängte. Auf seinem Gesicht zeigte sich arge Bestürzung, als er bemerkte, daß die Zille immer tiefer sank. Zuletzt stieg das Wasser bis hart an den Bordrand. Der Fährmann segnete sich mit dem Kreuz, und indem er sich dem Schutze des himmlischen Vaters empfahl, steuerte er langsam dem andern Ufer zu, denn schon ein stärkerer Wellenschlag konnte das überlastete Boot zum Kentern bringen. Doch er hatte Glück. Ohne Unfall erreichte er das sichere Ufer.
Die Fahrgäste schienen indessen die große Gefahr, in der sie schwebten, gar nicht zu achten. Sie unterhielten sich sehr lebhaft,

[1] Zille: Kahn

Winterliches Franken bei Wipfeld am Main

schwatzten und lachten, grölten und johlten so, daß der Fährmann nicht ein einziges Wort verstand. Erst als die lärmende Gesellschaft an das Ufer kam, verstummten die Stimmen für kurze Zeit, und einer von den Unsichtbaren fragte deutlich: „Ferge, was ist unsere Schuldigkeit?" Ohne viel Besinnen antwortete der Fährmann kurz: „Nichts!" – „Da hast du ein kluges Wort gesprochen", versetzte der Frager, „weil du nicht geldgierig bist, so sollst du von uns doch einen Lohn erhalten." Kaum, daß das letzte Wort verhallt war, fing der tosende Lärm wieder an. Doch nur einige Augenblicke dauerte diesmal der ohrenbetäubende Wirrwarr von schreienden Stimmen, knallenden Peitschenschlägen, wütendem Hundegebell, wildem Pferdegewieher und wüstem Gepolter, dann brauste Wotans Wilde Jagd – denn diese war's – wie der Sturmwind dahin. Und mit einem Male herrschte überall Totenstille.
Wie erstaunte aber der Fährmann, als am anderen Morgen an seinem Bett ein Pferdeschinken hing! Das war der Lohn, den ihm der Wilde Jäger versprochen hatte.

Der Pfahl

Nach Martin Waltinger

Durch das Grau des Gneis- und Granitgesteins des Bayerischen und Böhmerwaldes schiebt sich der auffallende hellfarbige Streifen des Pfahl. Er gilt als Naturwunder, ein 140 km langes Quarzriff, das von Schwandorf in schnurgerader Linie bis über Freyung hinaus zur Grenze zieht. Die weiß, rötlich und grau glänzenden Felsenmauern überragen mit ihren Zacken den grünen Wiesenteppich streckenweise um hundert Meter. Über die Entstehung des Pfahl geht folgende Sage:
Im „Walde" drinnen hausten einst zwei nachbarliche Ritter, der von Bärndorf und der von Kolmburg (heute Kollnburg). Jeder hatte nur ein einziges Kind, der von Bärndorf einen Sohn, der von Kolmburg eine Tochter. Was lag da näher als der Gedanke, die beiden jungen Leute einmal als Ehegatten zu vereinen und die beiden Besitzungen zu verschmelzen. So verlobte man sie mit dem Junker, und der war nun täglicher Gast auf der Kolmburg.
Eines Tages blieb er aus. Was mochte geschehen sein? Der Junker war auf der Jagd gewesen und hatte sich ermüdet auf einem einsamen Moosplätzchen unter einen Felsen hingestreckt, um auszuruhen. Da stand auf einmal eine herrliche Frau vor ihm und sprach:

„Ich bin die Elfenkönigin! Dort ist mein Schloß!" Der Junker gewahrte im Felsen, an dem er ruhte, ein hohes Tor, und durch dasselbe sah er in einen großen, schönen Garten, in dessen Mitte ein prächtiges Schloß stand. Noch hatte er sich nicht von seinem Staunen erholt, so fuhr die schöne Frau fort: „Morgen, wenn die Sonne am höchsten steht, komme wieder hierher, zünde ein Feuerlein an und hebe den Stein, auf dem vorhin dein Haupt geruht, auf. Du wirst ein Eidechslein darunter finden. Das nimm in die Hand und dann klopfe dreimal an den Fels und sprich: Königin im Felsgestein, laß mich mit dir glücklich sein! Darauf wird sich das Felsentor öffnen." Die Fee streckte dem Junker ein glitzerndes Ringlein an den Finger und verschwand. Er rieb sich die Augen und glaubte, geträumt zu haben. Wo waren Tor und Garten und Schloß? Aber das Ringlein am Finger! Und der Ritter vergaß die Braut und dachte nur an die schöne Frau im Feenreich. Des andern Tages stand er schon lange an derselben Stelle, ehe die Sonne am höchsten stand, und sein Feuer prasselte und lohte, und endlich hob er den Stein auf und fand das grünglänzende Tierlein, haschte es mit der Rechten und klopfte mit der Linken an die Felswand, indem er rief: „Königin im Felsgestein, laß mich mit dir glücklich sein!" Und dann klopfte er zum zweiten Male und sprach wieder den Spruch. Schon hob er die Faust, um das dritte Mal zu klopfen, da rief es, nein schrie es, wie nur ein am Leben getroffener Mensch schreien kann: „Gott im Himmel! Mein Berthold . . .!" Die Kolmburgerin war es. Sie hatte, als der Junker nicht mehr zu ihr kam, sich auf ihr Pferd gesetzt und war gen Bärndorf geritten. Auf dem Wege durchs Gehölz sah sie das Feuerlein durch die Baumstämme leuchten und gewahrte bald auch ihren Bräutigam bei seinem seltsamen Tun. Kaum hatte sie den Herrgott um Hilfe gerufen, entstand ein furchtbares Erdbeben und ohrenbetäubender Donner erschütterte die Luft.

Feuer schlug aus dem Erdboden jählings wild empor, verschlang die Bäume und fuhr stundenweit durch die Gegend wie eine flammende Riesenschlange. Das Reich der Zauberin barst und schmolz in der Glut dahin.

Kurze Zeit darauf war alles wieder still, als ob nichts vorgefallen wäre. Der Himmel blaute, und die Sonne lächelte freundlich hernieder. Neben dem ohnmächtigen Berthold kniete die Kolmburgerin und brachte den Junker langsam wieder ins Leben zurück.

So weit sich aber das Feuer fortgefressen hatte, war alles Lebendige verschwunden und die Erde zu Kristall zusammengeschmolzen. So, sagen die alten Leute, sei der „Pfahl" entstanden.

Die Steinerne Brücke zu Regensburg

Reltis

Die Steinerne Brücke verbindet Regensburg mit Stadtamhof. Sie wurde von Herzog Heinrich X., dem Stolzen, in Verbindung mit den Bürgern von Regensburg von 1135–1146 erbaut. In 15 Bogen, welche auf mächtigen Quaderpfeilern ruhen, überspannt sie in einer Länge von 305 m den Donaustrom. Bis zur Mitte steigt sie mäßig an und fällt dann im gleichen Verhältnis wieder ab. Die Brüstung wird von riesigen Granitplatten gebildet.

Früher war die Brücke mit drei Türmen, einem am Anfange, einem zur Mitte und einem am Ende, geziert. Zwei davon sind jetzt abgetragen; nur der südliche steht noch. Derselbe ist in seiner ursprünglichen Bauart noch ziemlich gut erhalten.

Im Mittelalter galt die Brücke als eines der größten Bauwunder. Nach der damaligen Sitte wurde sie mit Wahrzeichen versehen. Als solche sieht man noch einen Hund und einen Löwen ohne Kopf, zwei streitende Hähne, eine aufwärts kriechende Eidechse, drei Menschenköpfe verschiedenen Alters und das sog. Brückenmännchen. Letzteres ist ein Jüngling, der auf dem Dächlein einer Säule sitzt und das Angesicht dem Dom zuwendet. An der Säule stehen Verse, welche sich auf den Bau der Brücke beziehen.

Von dieser Brücke berichtet die Volkssage, daß der Erbauer derselben mit dem Baumeister des Domes eine Wette eingegangen habe. Diese bestand darin, daß derjenige, welcher seinen Bau zuerst vollende, dem Überwundenen eine Leibesstrafe auferlegen dürfe.

Rasch wuchs der Dombau aus dem Grunde. Mit stiller Bekümmernis bemerkte dies der Brückenbaumeister. Immer war er unter seinen Leuten und trieb sie zur Arbeit an. Trotzdem blieb der Bau der Brücke hinter dem des Domes weit zurück.

In seiner Not ging nun der Brückenbaumeister einen Bund mit dem Teufel ein. Dieser versprach ihm Beistand und Hilfe. Der Brückenbaumeister verschrieb ihm dagegen die ersten drei Seelen, welche über die Brücke gehen würden.

Von dieser Stunde an ging der Bau der Brücke rasch vonstatten. Es war, als ob die Steine sich von selbst zusammenfügten und die Brücke sich durch eigene Kraft vergrößere. Der Dombaumeister geriet in Sorge. Täglich stand er auf dem Vorsprunge seines Baues und blickte schweren Herzens zur Brücke hinüber. Da erdröhnten eines Tages drei weithin schallende Hammerschläge. Sie hatten die Einfügung des Schlußsteines in die Brücke verkündet. Der Dom-

baumeister hatte also die Wette verloren und stürzte sich in seiner Verzweiflung vom Dome herab.
Von allen Seiten wurde der Brückenbaumeister beglückwünscht. Derselbe konnte sich aber nicht zu rechter Freude erheben. Mit Schrecken dachte er an den Augenblick, da sich der Teufel seine Opfer holen werde. Da riet ihm ein alter Kapuziner, drei Tiere auf die Brücke zu bringen. Der Brückenbaumeister holte zwei Hähne und einen Hund und jagte sie hinüber. Der Teufel, welcher sich durch diese List um seine Opfer betrogen sah, ergriff eines der Tiere und schlug mit ihm ein Loch durch die Brücke. Dieses Loch soll lange Zeit als Wahrzeichen der Tat gezeigt worden sein.

Die Zauberflöte

Chr. Kutschera

Der Flötenfranzel hatte sich in seiner Vaterstadt Prag einer wandernden Musikantenbande angeschlossen, mit der er Böhmen, Sachsen und Schlesien durchzog. Dieses lustige Wanderleben sagte dem munteren Burschen anfangs sehr zu. Den lustigen Mädchen und Burschen auf Jahrmärkten und Kirchweihfesten zum Tanz aufzuspielen, während sich der Geldbeutel mit klingenden Münzen füllte, machte dem Jungen viel Freude. Mit der Zeit aber bekam er das Umherziehen satt; schließlich waren mit dem ständigen Wandern auch viel Mühen und Beschwerden verbunden. Franzel wünschte sehnlich, sich in seiner Vaterstadt niederzulassen und seine Pepi heiraten zu können. Wie aber das tägliche Brot verdienen? Von seinem Flötenspiel konnte er in der Heimat doch nicht mit einer Familie leben!
Einmal wanderten die Spielleute durch Schlesien gegen Böhmen zu. Nachdenklich folgte Franzel als letzter. Vor ihm lag das Riesengebirge, kein Wunder, daß er plötzlich an Rübezahl denken mußte. Viel hatte Franzel schon auf seinen Wanderungen vom Berggeist gehört. Daß er manchem armen Menschen geholfen, dagegen aber Übermut und Habgier hart bestraft hatte.
„Warum sollte Rübezahl nicht auch mir helfen?" dachte Franzel. „Ich möchte den Berggeist nur bitten, mir so viel zu geben, daß ich mir ein kleines Geschäft kaufen kann."
Dieser Gedanke wurde langsam zum festen Entschluß. Seinen Gefährten sagte er nichts davon, denn er hatte Angst, von ihnen verlacht zu werden.
Als sie einmal in der Schenke eines kleinen Dorfes übernachteten,

schlich er sich vor Morgengrauen heimlich und unbemerkt hinaus ins Freie. Beim letzten Schein des Mondes und beim blassen Licht der Sterne wanderte er dem Riesengebirge zu. Wohl hatte er heimlich Angst, in seinem Herzen war er aber voll Hoffnung.
Viele Stunden war Franzel schon gewandert. Die Sonne schien längst auf seinen Weg. Im stillen wiederholte er sich immer wieder die Worte, mit denen er den Berggeist anreden wollte, wenn er, riesengroß und furchtbar anzusehen, aus einer Felsschlucht oder hinter den großen Tannen hervortreten sollte. Doch nichts dergleichen geschah. Dagegen sah Franzel mitten in der Bergeinsamkeit ein kleines Schloß, das in einem Park stand. Er wunderte sich, das Schloß auf seinen früheren Wanderungen noch nie gesehen zu haben. Er war wahrscheinlich einen anderen Weg über das Gebirge gegangen.
Franzel war von der langen Wanderung hungrig und müde geworden. Darum ging er zum Gittertor und wollte um ein Essen bitten. Er sah durch den schönen Garten einen Herrn spazieren, der nach der damaligen Mode in goldgestickten Samt gekleidet war. Der vornehme Herr kam zum Tor und fragte den armen Spielmann, was er wolle. Franzel wagte nicht, dem feinen Herrn zu sagen, daß er Hunger habe. In seiner Befangenheit stotterte er nur, daß er ein Flötenbläser sei. Da öffnete der freundliche Herr das Gittertor und ließ Franzel eintreten: „Wenn du die Flöte gut spielen kannst, so laß dich hören! Ich liebe das Flötenspiel sehr."
Franzel glaubte seiner Sache ganz sicher zu sein. Er hatte doch in großen Städten auch schon vor feinen Herren gespielt. Beherzt setzte er die Flöte an die Lippen und spielte ein zierliches Stück, das er für sein bestes hielt.
Als er geendet hatte, wartete er jedoch vergeblich auf Beifall. Dagegen pfiff der Schloßherr leise in der Richtung zum Schlosse. Es dauerte nicht lange, und ein schöner Knabe, der auch in Samt gekleidet war, kam von dort her. In der Hand hielt er eine goldene Flöte. Ein Glanz ging von ihr aus wie Sonnenschein. In der Nähe des Springbrunnens setzte sich der Knabe auf eine Marmorbank und begann sein Flötenspiel.
Franzel schaute, staunte und lauschte. War es Traum oder Wirklichkeit? Überirdisch schön erklang das Flötenspiel des seltsamen Knaben. So müssen die Engel spielen können, fuhr es dem armen Spielmann durch den Kopf.
Ganz hineingelebt hatte sich Franzel in das wunderbare Spiel. Als es beendet war, hörte er wie von weither die Stimme des Schloßherrn: „Wer von euch beiden kann nun besser spielen?"
Beschämt stammelte Franzel: „Armselig war mein Spiel. Verzei-

Riesengebirge mit Schneekoppe

hen Sie, hoher Herr, meine Vermessenheit! Leben Sie wohl!" Der arme Spielmann wollte gehen, der Schloßherr hielt ihn aber freundlich zurück: „Deine Bescheidenheit gefällt mir. Tröste dich, es kann nicht jeder ein ausgezeichneter Flötenspieler sein. Hier gebe ich dir diese Flöte. Wenn du fleißig bist, wirst du sicher dein Ziel erreichen."

Mit diesen Worten nahm er die Goldflöte aus den Händen des Knaben und reichte sie dem armen Musikanten. Franzel war überglücklich und getraute sich diesen kostbaren Schatz kaum zu berühren. Herzlich dankte er dem großmütigen Schloßherrn. Der aber nickte ihm nur freundlich zu und ging in das Schloß zurück. Franzel verließ beglückt den Park und wanderte auf dem Gebirgsweg weiter.

An einer Wegbiegung drehte er sich noch einmal um. Einen Blick noch wollte er auf das geheimnisvolle Schloß und den Garten werfen, in dem er so Seltsames erlebt hatte. Was war aber geschehen? Wohin waren denn Schloß und Garten so plötzlich verschwunden? Nur eine grüne Lichtung inmitten der waldigen Bergwildnis sah der Spielmann in der Nachmittagssonne liegen. War alles nur Spuk gewesen – alles, bis auf die Zauberflöte, die er wirklich in der Hand hielt?

Nun erst wußte Franzel, wer der vornehme Herr gewesen: kein anderer als der Berggeist selbst.

In seiner Heimatstadt versuchte er zum ersten Male auf der Goldflöte zu spielen. Wieder hörte er den überirdisch schönen Klang, wie damals im Schloßgarten Rübezahls. Es war ihm eine Lust, fleißig zu üben und seiner Flöte immer süßere Töne zu entlocken. Nach einiger Zeit konnte er sein Spiel auch öffentlich hören lassen. Aber nicht wie früher als armer Musikant auf der Straße und Jahrmärkten, sondern in großen Konzertsälen vor musikverständigen Leuten. Bald konnte sich Franzel einen eigenen Hausstand gründen und seine liebe Pepi heiraten. Das Spiel auf der Goldflöte verschaffte ihm Taschen voll Gold. Aber auch als berühmter Künstler blieb der Flötenfranzel immer bescheiden und dankbar seinem Wohltäter. Darum begleitete ihn der Segen des mächtigen Berggeistes sein ganzes Leben lang.

Der Teufel in der Frauenkirche

Nach Joseph Maria Mayer

Als die Kirche zu Unsrer lieben Frau in München erbaut wurde, ärgerte sich der böse Feind ganz teufelsmäßig. Mit all seiner List konnte er dem Bau nicht schaden. Nachdem aber endlich die Kirche vollendet dastand, beschloß er, sie mit Wind und Sturm zu verderben. Auf seinem Windroß ritt er hin, hängte es an die Kirchenpforte und betrat das Gotteshaus. Da sah er zu seiner Verwunderung wegen der davorstehenden gewaltigen Säulen kein einziges Fenster. Wie ward der dumme Teufel plötzlich ganz vergnügt, er stampfte mit dem Fuße auf und freute sich über den unnützen und ungeschickten Bau, der ihm, wie er meinte, nicht schaden konnte. In seiner Freude stürmte er zur Kirchentüre hinaus und vergaß, den Wind mitzunehmen, der ihn hergebracht hatte.

Noch heute sieht man an der Stelle, wo der Teufel stand, seinen Fuß schwarz eingeprägt im Stein. Und auch den Wind spürt man, der um die Frauenkirche oft so heftig weht, daß er manchen das Frauenbergl hinabtreibt oder den Leuten den Hut vom Kopfe nimmt.

Wessobrunn

Nach Alfons Steinberger

Herzog Tassilo oblag dem edlen Weidwerk mit großem Eifer. Nur in Begleitung eines Dieners jagte er besonders in den wildreichen Wäldern um den Ammer- und Würmsee und in der Gegend des Peißenbergs.

Eines Tages nun, es war ein heißer Julitag, und selbst im kühlen Wald machte sich die Schwüle bemerkbar, verirrte sich der junge Herzog mitsamt seinem Knechte. Trotz allen Suchens konnten sie die Jagdhütte nicht mehr finden, wo für ihr leibliches Wohl alles hergerichtet war. Vor Durst halb verschmachtet, legte er sich endlich ins weiche Moos und schlief ein. Da hatte er einen merkwürdigen Traum. Über ihm schien sich die Himmelsdecke zu öffnen, aus ungeheurer Höhe senkte sich eine Leiter herab, und alsbald eilten ganze Scharen von Engeln, alle in feinste silberdurchwirkte Schleier gehüllt und mit großen goldenen Flügeln rauschend, die

Leiter hernieder. Dann schöpften sie aus einer frisch sprudelnden Quelle klares durchsichtiges Wasser in kristallne Krüge und eilten damit wieder die Leiter empor, höher, immer höher, bis sie im Blau des Himmelsgewölbes verschwanden.
Tassilo erwachte, noch ganz befangen von dem Traum, und blickte staunend umher. Rings herrschte die weihevolle Stille des Waldes, nur das Summen der Insekten war zu hören. Da vernahm er die Stimme seines Knechtes. „Gnädigster Herr, ich habe eine herrliche Quelle entdeckt, und gleich in nächster Nähe davon ist der Fußweg, der zu unserer Hütte führt." „Du bist ein Sonntagskind, Wesso", bemerkte der Herzog mit gütigem Lächeln. Dann erzählte er ihm den Traum, schöpfte aus dem herrlichen Quell und erquickte seinen ermatteten Leib.
„Des Brunnens", sprach er hocherfreut, „wollen wir auch in Zukunft dankbar gedenken und bei ihm zunächst eine Kapelle errichten lassen, – Wessobrunn soll sie ihrem Entdecker zu Ehren geheißen sein."

Der Memminger Basilisk

Endrös – Weitnauer

Am Haus Nr. 11 in der hinteren Gerbergasse zu Memmingen war einst in einer Nische ein uraltes Steinbild zu sehen, eine wunderliche Gestalt, halb Vogel, halb Drache, ein sogenannter Basilisk. Ein solcher soll sich nach der Sage einst im Keller dieses Hauses aufgehalten haben. Dieser Basilisk soll so giftig gewesen sein, daß allein sein Blick jedes lebende Wesen tötete. Wer den Keller betrat, kam nicht mehr zum Vorschein. Schon mancher, der dem Ungetüm hatte den Garaus machen wollen, war dabei umgekommen. Da begab es sich nun einmal, daß ein zum Tode verurteilter Verbrecher erklärte, wenn man ihm das Leben schenke und ihn hernach freilasse, wolle er das Haus von dem Basilisken befreien. Darauf ging man ein. Nun behängte sich der Drachentöter ringsum mit Spiegeln. Auch vor sich her trug er einen großen Spiegel als Schild. So gewappnet stieg er hinab in den Keller. Als nun das Ungetüm auf ihn losfuhr, erblickte es in dem Spiegel sich selbst und wurde auf der Stelle von seinem eigenen giftigen Blick getötet.
Das Haus ist im Jahre 1945 von einer Bombe getroffen und zerstört worden. Das Steinbild des Basilisken jedoch hat man unter den Trümmern wieder gefunden und ins Museum der Stadt Memmingen gebracht.

*

Das Wessobrunner Gebet

Unbekannter Verfasser

Dat gafregin ih mit firahim firiuuizzo meista,
dat ero ni uuas noh ûfhimil
noh paum . . . noh pereg ni uuas,
ni . . .nohheinîg noh sunna ni scein,
noh mâno ni liuhta, noh der mâreo sêo.
Do dâr niuuiht ni uuas enteo ni uuenteo,
enti dô uuas der eino almahtîco cot,
manno miltisto, enti dâr wârun auh manake mit inan
cootlîhhe geistâ. enti cot heilac . . .

Cot almahtîco, dû himil enti erda gauuorahtôs,
enti dû mannun sô manac coot forgâpi,
forgip mir in dîno ganâdâ rehta galaupa enti côtan
uuilleon, uuîstôm enti spâhida enti craft, tiuflun
za uuidarstantanne enti arc za piuuîsanne enti dînan
uuilleon za gauuurchanne.

Das erfuhr ich in der Welt als der Wunder größtes,
daß die Erde nicht war, noch oben der Himmel,
noch Baum nicht wuchs, noch Berg nicht war,
noch irgendein Stern noch die Sonne nicht schien,
noch der Mond nicht leuchtete, noch die mächtige See.
Als da kein Wesen nicht war an Enden und Wenden,
da war doch der eine allmächtige Gott,
der Männer mildester. Und da waren auch manche bei ihm,
herrliche Geister, und der heilige Gott . . .

Allmächtiger Gott, der du Himmel und Erde gewirkt hast,
und der du den Menschen so viel Gutes gegeben hast,
verleihe mir rechten Glauben in deine Gnade und guten
Willen, Weisheit und Klugheit und Kraft, den Teufeln
zu widerstehen und das Böse zu meiden und deinen
Willen zu wirken.

Legenden

Die Heilige Walburga

Walburga wurde um 710 als Tochter des angelsächsischen Königs Richard geboren. Ihre Brüder waren der hl. Wunibald und der hl. Willibald, ihr Onkel war der hl. Bonifatius.
Gemeinsam mit ihnen und mit Lioba und Thekla missionierte sie zunächst die Gegend um Tauberbischofsheim, dann um Heidenheim, wo sie als Äbtissin des Benediktinerinnenklosters äußerst segensreich wirkte, bis sie 779 starb.
Seit 871 befinden sich ihre Reliquien in der Kirche St. Walburg in Eichstätt, dem Bischofssitz ihres Bruders Willibald. Aus einem Stein, der ihre Gebeine umschließt, tritt das sog. Walpurgisöl aus, das als durchsichtige Flüssigkeit in kleinen Glasfläschchen gesammelt wird. Diesem Öl sagt man eine heilende Wirkung nach, besonders bei kranken Kindern.

Legende

Folgende Begebenheit bezeugt die Gabe der Wunder, die dieser Heiligen zuteil wurde. Nicht weit von Heidenheim lebte auf einem Schlosse ein vornehmer Herr, dessen Tochter schwer krank darniederlag . Groß war der Schmerz der Eltern, die ihre Tochter über alle Maßen lieb hatten. Davon hörte die hl. Äbtissin und machte sich sofort noch spät am Abend allein auf den Weg und begehrte Einlaß im Schlosse. Auf ihr Klopfen wurden die Hunde im Hofe wach und stürzten sich wütend auf das Tor. Der Schloßherr hörte es und eilte mit seinen Leuten herbei, um den Hunden zu wehren. Allein Walburga blieb ruhig stehen und sprach: „Fürchte nicht, daß Walburga, der Dienerin unseres Herrn Jesus Christus, deine Hunde etwas anhaben können! Ich stehe unter seinem Schutze und brauche nichts zu fürchten." Und die Hunde wichen vor ihr zurück. Voll Ehrfurcht führte der Vater des kranken Mädchens Walburga ins Haus. Da schon Nacht war, wollte man ihr ein Gastzimmer bereiten, allein sie verlangte, daß man ihr eine Lagerstatt in dem Zimmer der Kranken errichte und sie allein mit ihr lassen solle. Das Mädchen lag bereits in den letzten Zügen. Walburga sagte den Eltern, sie sei gekommen, ihnen in ihrem Leid beizustehen, vielleicht könne sie ihrer Tochter helfen, sie sollten nur Vertrauen auf

Gott haben. Man ließ nun die Heilige mit der Sterbenden allein. Sie warf sich auf die Knie und flehte zu Jesus, er möchte seine Macht an dem Mädchen zeigen und ihm die Gesundheit wieder schenken, auf daß dadurch die Eltern und mit ihnen die Bewohner der Gegend zur Erkenntnis und Liebe seines heiligen Namens geführt würden. Und der Herr erhörte das Gebet seiner Dienerin: am Morgen war das Mädchen vollkommen gesund. Walburga öffnete die Türe und rief die Eltern. Als diese ihre Tochter gesund fanden, kannte ihre Freude keine Grenzen. Sie dankten Gott und warfen sich der Heiligen zu Füßen und boten ihr kostbare Geschenke an. Allein sie nahm nichts davon, ermahnte alle Anwesenden, Gott von ganzem Herzen zu lieben und zu dienen und ging daraufhin wieder stille in ihr Kloster zurück.

Der heilige Sebastian

Sebastian soll in der 2. Hälfte des 3. Jahrhunderts n. Chr. in Narbonne im heutigen Frankreich geboren und in Mailand erzogen worden sein. Hier wurde er ein eifriger Anhänger der Lehre Christi, der er auch als Befehlshaber der Leibwache des Kaisers in Rom treu blieb.
Als unter Kaiser Diokletion die Christen verfolgt wurden, nahm man auch Sebastian gefangen. Er wurde wegen seines Bekennermutes zum Tode durch Erschießen mit Pfeilen verurteilt. Er wurde für tot gehalten, kam aber mit seinem Leben davon. Nach der Pflege durch die hl. Irene klagte er den Kaiser wegen seiner Grausamkeiten gegen die Christen öffentlich an. Sebastian wurde erneut ergriffen und mit Keulen erschlagen.
Seit dem 7. Jahrhundert wird dieser römische Martyrer als Schutzheiliger vor allem gegen die Pest verehrt.

Legende

Es geschah nämlich, daß zwei treffliche Männer um ihren Christenglaubens willen enthauptet werden sollten. Da kamen die Eltern der beiden – sie waren Zwillingsbrüder und hießen Marcellianus und Marcus –, um sie von ihrem Vorsatz abzubringen. Die Mutter stand mit gelöstem Haar und zerrissenen Kleidern vor ihren Söhnen und wies sie auf das Leid hin, das sie ihr mit ihrem Entschluß antäten, lieber zu sterben als ihren Glauben abzuschwören. Während sie mit bewegten Worten klagte und weinte, wurde der greise Vater herzugeführt, der Asche auf sein Haupt gestreut hatte und gen Himmel schrie, seine Söhne möchten sich erbarmen und nicht willentlich in den Tod gehen. Als nun auch noch Freunde und andere Frauen herbeieilten, um die beiden umzustimmen, da krampfte sich ihr Herz in der Brust zusammen und fast wären die beiden schwankend geworden. In diesem Augenblick trat Sebastian herzu und sprach: „Oh, ihr starken Ritter Christi, laßt euch nicht die ewige Krone rauben durch Bitten und süße Worte." Und sprach zu den Eltern: „Fürchtet euch nicht, denn diese werden nicht von euch geschieden, sondern sie gehen hin, daß sie euch eine Wohnung bereiten im Himmel. Die Verfolgung, die wir hier leiden, die glühet heute und ist morgen verraucht, in einer Stunde nimmt sie ein Ende, aber die Feuer der ewigen Pein werden alle Zeit erneuert und gemehrt, damit die Strafe vollkommen sei." Nachdem der Heilige so gesprochen hatte, warf sich ihm Zoe zu Füßen, des Nicostratus Weib, die stumm war. Sie winkte ihm, daß er sich ihrer erbarme. Da sprach Sebastian: „Bin ich Gottes Knecht und sind die Dinge wahr, die ich gesagt habe, so tue ihr der den Mund auf, der seinem Propheten Zacharias die Zunge löste." Da rief das Weib: „Gesegnet sei die Rede deines Mundes und gesegnet alle, die deinen Worten glauben; denn ich sah einen Engel bei dir stehen, der hielt dir ein Buch vor, darin waren alle die Worte geschrieben, die du gesprochen hast." Also blieben Marcellianus und Marcus standhaft in der Marter durch die Kraft und Gnade, die Gott den Worten Sankt Sebastians verliehen hatte. Auch ihr Vater und ihre Mutter und viele andere Menschen, die dabei waren, wurden gläubig und empfingen die Taufe.

Fabeln

Hahn und Ente

Unbekannter Verfasser

Hahn und Ente begegneten sich. Der Hahn sprach: „Ente, laß mich vorbei. Du bist häßlich. Du kannst kaum richtig laufen. Ich bin hübsch. Ich singe, und die Menschen hören auf mich."
Die Ente antwortete: „Das stimmt, Hahn. Du bist schön. Keiner hat Federn wie du. Bei deinem Ruf am Morgen wachen die Schläfer auf. Und deine Halskrause ist rot, gelb und weiß."
„Und mein Hals ist nicht krumm."
„Auch das stimmt. Und ich bin nicht so hübsch wie du. Und die Menschen stehen bei meinem Schnattern nicht auf."
„Und außerdem kannst du nicht so schnell laufen wie ich."
„Du hast recht. Ich laufe langsamer als du, aber ich kann besser schwimmen."
„Das stimmt nicht. Ich bin der Hahn. Ich lasse die Sonne aufgehen ... Und schwimmen, das kann ich auf jeden Fall besser als du."
„Dann müßtest du auch diesen See überqueren können."
„Mit Sicherheit! Ich werde vor dir auf der anderen Seite ankommen."
Daraufhin liefen die beiden Tiere los. Die Ente überquerte den See mühelos. Doch als sie auf der anderen Seite ankam, hörte sie Hilferufe. Sie wandte sich um und sah, wie der Hahn zu ertrinken drohte. Sie eilte schnell zurück, nahm den Hahn auf den Rücken und trug ihn ans Ufer.
„Das verstehe ich nicht", sagte der Hahn, „das Wasser in diesem See ist bestimmt anders als das Wasser sonst."
„Wasser ist Wasser", belehrte ihn die Ente. „Doch du kannst nicht schwimmen. Das ist es. Darum sei in Zukunft bescheiden. Denk daran: keiner kann alles."

Die beiden Frösche

Nach Äsop

Zwei Frösche, deren Tümpel die heiße Sommersonne ausgetrocknet hatte, gingen auf die Wanderschaft. Gegen Abend kamen sie in die Kammer eines Bauernhofs und fanden dort eine große Schüssel Milch vor, die zum Abrahmen aufgestellt war. Sie hüpften sogleich hinein und ließen es sich schmecken.
Als sie ihren Durst gestillt hatten und wieder ins Freie wollten, konnten sie es nicht: die glatte Wand der Schüssel war nicht zu bezwingen und sie rutschten immer wieder in die Milch zurück.
Viele Stunden mühten sie sich nun vergeblich ab, und ihre Schenkel wurden allmählich immer matter. Da quakte der eine Frosch: „Alles Strampeln ist umsonst, das Schicksal ist gegen uns, ich geb's auf!" Er machte keine Bewegung mehr, glitt auf den Boden des Gefäßes und ertrank. Sein Gefährte aber kämpfte verzweifelt weiter bis tief in die Nacht hinein. Da fühlte er den ersten festen Butterbrocken unter seinen Füßen, er stieß sich mit letzter Kraft ab und war im Freien.

Die Eidechse und der Hirsch

Unbekannter Verfasser

Zwei Eidechsen sonnten sich auf einer alten Mauer. Die eine döste halb schlafend in der Hitze, die zweite suchte mit ihrer langen Zunge nach den tanzenden Mücken zu haschen, als sie einen Hirsch aus dem nahen Wald treten sah. Die Eidechse vergaß ihr Mückenmahl und bewunderte den Hirsch, seine königliche Haltung und sein machtvolles Geweih.
Beim Anblick des schönen Tieres wurde die Eidechse mit ihrem Schicksal unzufrieden und fing an zu klagen. „Wie schrecklich ist unser Dasein als Eidechsen", sagte sie zu ihrem Freund. „Wir leben, das ist richtig, aber das ist auch alles. Niemand beachtet uns, niemand bemerkt uns. Wäre ich doch als Hirsch geboren worden!"
Aber die Eidechse wurde jäh in ihrem Gespräch unterbrochen. Eine wilde Hundemeute stürzte aus dem Wald hervor, der Hirsch floh, aber schon hing einer der Hunde an seiner Kehle; er fiel und wurde getötet.
Die zweite Eidechse sagte nun: „Willst du noch immer mit diesem

Hirsch tauschen? Oder bist du froh, eine kleine unscheinbare Eidechse zu sein? Wer einen hohen Rang hat, hat viele Feinde. Bescheiden und unbemerkt von der Welt zu leben, hat auch seinen Vorteil, glaube mir!" Und die zweite Eidechse schloß wieder die Augen und döste weiter in der heißen Mittagssonne. Die erste Eidechse aber war nachdenklich und schweigsam geworden. Sie schluckte eine Fliege, die sich zu nahe an sie herangewagt hatte, und fühlte sich plötzlich recht zufrieden mit ihrem Schicksal, das sie auf einer Mauer sitzen ließ und ihr ein reichliches Mahl von Mücken und Fliegen beschert hatte – und keine Neider und keine Feinde!

Der Affe als Schiedsrichter

Aus Korea

Ein Hund und ein Fuchs erblickten gleichzeitig eine schöne große Wurst, die jemand verloren hatte, und nachdem sie eine Weile unentschieden darum gekämpft hatten, kamen sie überein, mit der Beute zum klugen Affen zu gehen. Dessen Schiedsspruch sollte gültig sein.
Der Affe hörte die beiden Streitenden aufmerksam an. Dann fällte er mit gerunzelter Stirn das Urteil: „Die Sachlage ist klar. Jedem von euch gehört genau die halbe Wurst!"
Damit zerbrach der Affe die Wurst und legte die beiden Teile auf eine Waage. Das eine Stück war schwerer. Also biß er hier einen guten Happen ab. Nun wog er die Stücke von neuem. Da senkte sich die andere Schale; happ-schnapp, kürzte er auch diesen Teil. Wiederum prüfte er sie auf Gleichgewicht, und nun mußte wieder die erste Hälfte ihr Opfer bringen. So mühte der Affe sich weiterhin, jedem sein Recht zu schaffen. Die Enden wurden immer kleiner und die Augen von Hund und Fuchs immer größer. Schließlich war der Rest hier und dort verschlungen.
Mit eingeklemmten Ruten schlichen Hund und Fuchs in verbissener Wut davon. – Hüte das Deine, laß jedem das Seine!

Der Esel auf Probe

Nach Äsop

Ein Mann kaufte einen Esel, aber nicht gleich endgültig, sondern er machte eine Probezeit aus. Als er mit ihm in seinen Hof kam, wo schon mehrere Esel teils bei der Arbeit, teils bei der Abfütterung waren, ließ er ihn freilaufen. Sogleich trottete der neue zu dem faulsten und gefräßigsten Gefährten und stellte sich zu ihm an die Futterkrippe. Da legte ihm der Mann den Strick wieder um den Hals und brachte ihn dem bisherigen Besitzer zurück.
„So schnell kannst du ihn doch gar nicht erprobt haben", wunderte sich der. „Oh, mir genügt, was ich gesehen und erfahren habe: nach der Gesellschaft, die er sich ausgesucht hat, ist er ein übler Bursche!"

Ein bißchen mehr Friede . . .

Peter Rosegger

Ein bißchen mehr Friede und weniger Streit,
Ein bißchen mehr Güte und weniger Neid,
Ein bißchen mehr Wahrheit immerdar
Und viel mehr Hilfe in der Gefahr.
Ein bißchen mehr Wir und weniger Ich,
Ein bißchen mehr Kraft und nicht so zimperlich.
Und viel mehr Blumen während des Lebens,
Denn auf den Gräbern sind sie vergebens.

Was einer ist . . .

Hans Carossa

Was einer ist, was einer war,
beim Scheiden wird es offenbar.
Wir hören nicht, wenn Gottes Weise summt.
Wir schaudern erst, wenn sie verstummt.

72

Bild und Wort

ünchen-
- Memmingen -
Lindau

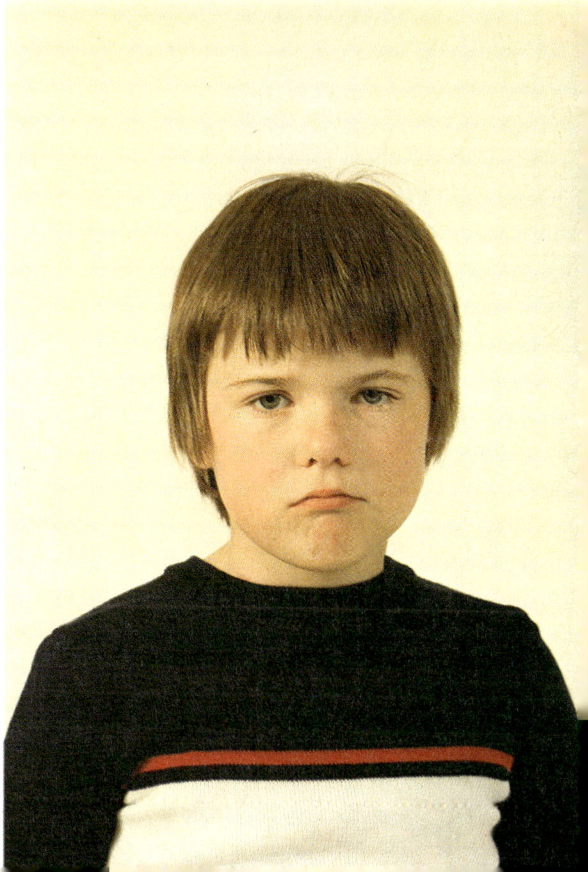

Die zwölf wichtigsten Baderegeln

Zeichnung: Ernst Hürlimann

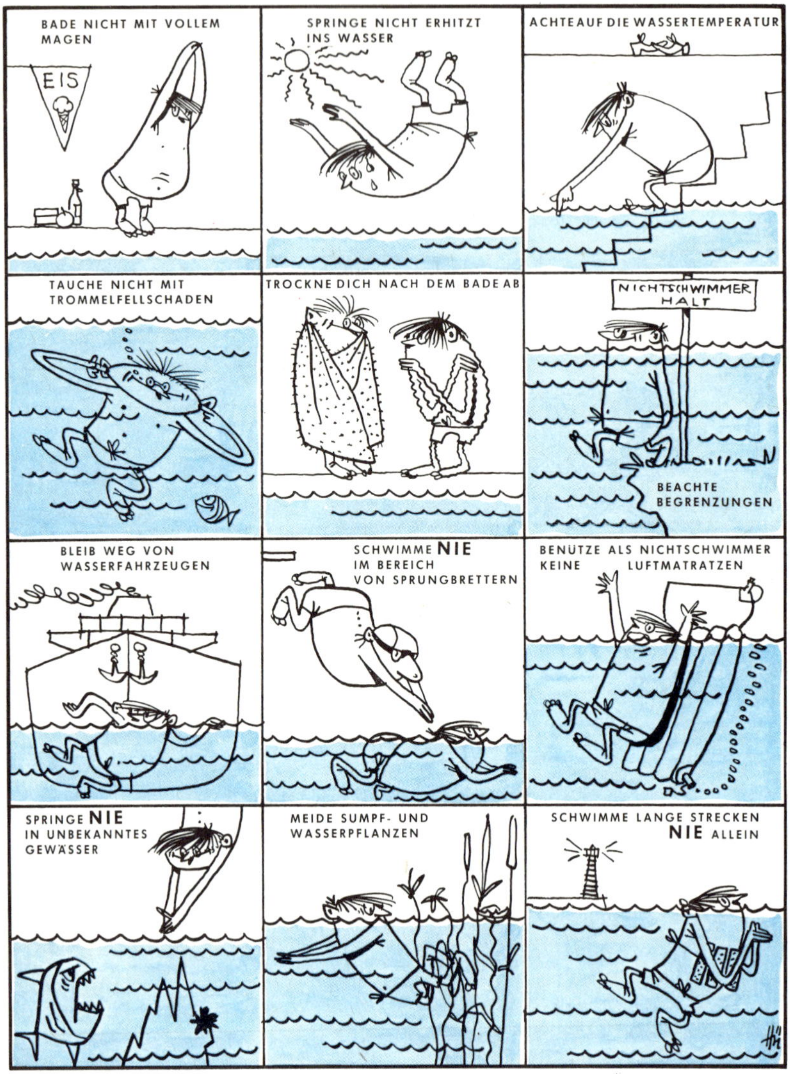

Baden, Planschen, Schwimmen, Tauchen – wie viel Spaß macht das im Sommer! Damit es ein Spaß bleibt, müßt ihr unbedingt und immer die Baderegeln einhalten. Erwachsene übrigens auch! Neun der wichtigsten Regeln seht ihr hier in Bildern erklärt. Nicht weniger wichtig sind diese:

- Schwimmt lange Strecken nie allein! Ein einfacher Wadenkrampf wird dann schon zur Gefahr.
- Meidet Sumpf- und Schlingpflanzen! Selbst für sehr gute Schwimmer bedeuten sie Lebensgefahr.
- Nach dem Baden abtrocknen! Sonst friert ihr bei 30° im Schatten.

Charlie Braun

Charles M. Schulz

Das Zahnziehen

Adamson

Geheimschrift

Nach E. Laßwitz

Schlüssel einer „Schablonen"-Geheimschrift

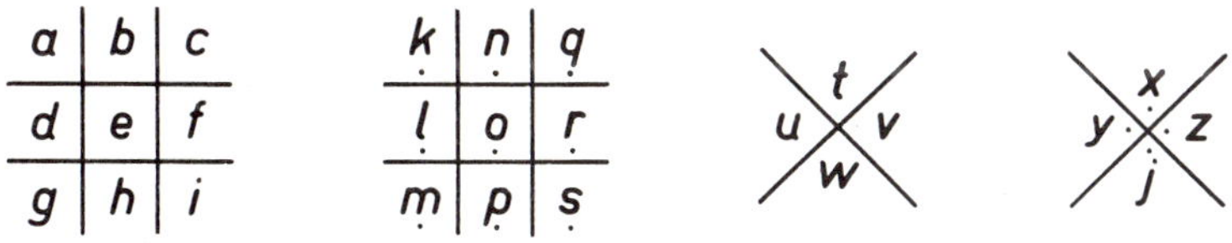

Leseprobe:

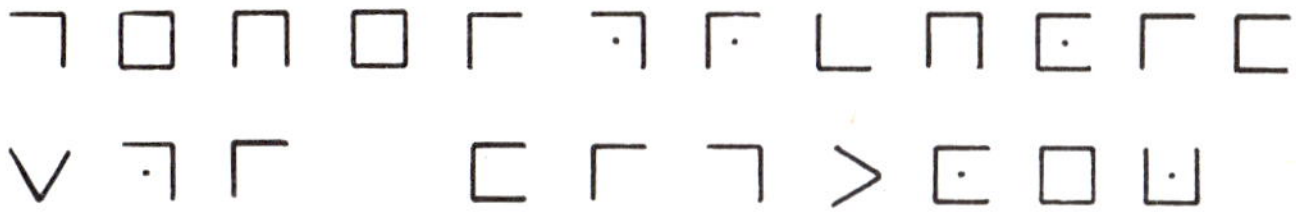

Runenschrift

Runen, altnord. *run,* ahd. *runa,* zu nhd. *raunen,* als älteste Schriftzeichen bei den Germanen bekannt. Dienten ursprünglich nicht zur Schreibung von Mitteilungen oder Büchern, sondern hatten epigraphischen[1] Charakter und wurden im kultisch-magischen Bereich verwendet (R.zauber). Sie wurden auf Holz, Knochen, Geräte, Waffen, später auf Steine eingeritzt; daraus sind ihre eckigen Formen zu verstehen. Jede R. hatte eine Lautbedeutung (ᚠ – f) u. eine Wortbedeutung (ᚠ – Vieh, Habe).

Das älteste bekannte R.alphabet besteht aus 24 Zeichen, nach den ersten Buchstaben Futhark genannt; aus ihm entwickelte sich um 800 in Dänemark eines mit 16 Zeichen, das in Skandinavien Verwendung fand; in England dagegen wurde das Alphabet auf 28 bzw. 33 Zeichen erweitert. Die Folge der einzelnen Zeichen scheint magisch-religiösen Sinn gehabt zu haben.

Die R. sind nicht, wie man früher annahm, eine Erfindung der Germanen. Aller Wahrscheinlichkeit nach gehen sie auf norditalische, nordetrusk. Alphabete zurück, die im 1. Jh. v.C. von Germanen übernommen wurden und im Lauf der Zeit bei allen germanischen Stämmen Eingang fanden.

Die ältesten R.inschriften stammen aus dem 3. Jh. Fundorte sind Wolhynien, Oberschlesien, Mark Brandenburg, Gotland, Dänemark, Norwegen.

Altgermanisches Runenalphabeth

[1] epigraphisch: zeichenhaft

Votivtafeln

Bitte eines Ehepaares an die schmerzhafte Muttergottes und den heiligen Antonius zu Padua, ihnen nach sechs im Kindbett gestorbenen Kindern ein gesundes Kind zu schenken.

Aus Dankbarkeit für eine wunderbare Genesung zu Ehren des Heiligen Kreuzes und der schmerzhaften Muttergottes gestiftet.

Aus Dankbarkeit für die Erfüllung eines besonderen Anliegens zu Ehren des Heiligen Kreuzes und der schmerzhaften Muttergottes gestiftet.

Aus Dankbarkeit für eine überstandene schwere Krankheit zu Ehren des Heiligen Kreuzes und der schmerzhaften Muttergottes gestiftet.

Gedichte

80

*

Der Herbst

Georg Heym

Viele Drachen stehen in dem Winde,
tanzend in der weiten Lüfte Reich.
Kinder stehn im Feld in dünnen Kleidern,
sommersprossig, und mit Stirnen bleich.

In dem Meer der goldnen Stoppeln segeln
kleine Schiffe, weiß und leicht erbaut,
und in Träumen seiner leichten Weite
sinkt der Himmel wolkenüberblaut.

Weit gerückt in unbewegter Ruhe
steht der Wald wie eine rote Stadt.
Und des Herbstes goldne Flaggen hängen
von den höchsten Türmen schwer und matt.

Die Sonnenblume

Georg Britting

Über den Gartenzaun schob sie
Ihr gelbes Löwenhaupt,
Zwischen den Bohnen erhob sie
Sich, gold und gelb überstaubt.

Die Sonne kreist im Blauen
Nicht größer, als ihr gelbes Rad
Zwischen den grünen Stauden,
Den Bohnen und jungem Salat.

Heller Morgen

Börries von Münchhausen

Als ich schläfrig heut erwachte,
– und es war die Kirchenzeit –
hörte ichs am Glockenklange,
daß es über Nacht geschneit.

Denn in meinem hellen Zimmer
klang so hell der Glockenschlag,
daß ich schon im Traume wußte:
heute wird ein heller Tag.

Als ich froh die Läden aufstieß,
trug die Welt ein weißes Kleid –
Meine ganze Seele wurde
glänzend hell und weiß und weit!

Barbarazweig

Bernt von Heiseler

Dich abgebrochnen Zweig vom Apfelbaum,
Erstarrt und kalt –
Dich hol ich ein zum warmen Winterraum,
Ich weiß, du blühst mir bald.

Ein klares Wasser richt ich dir im Krug,
Der Ruf des Lichts
Ergeht an dich. Ihn hören ist genug.
Aus dir vermagst du nichts.

Laß die erwartungsvollen Wochen still
Vorübergehn.
Der Christnacht, die auch dich erlösen will,
Wird niemand widerstehn.

Erstarrter, abgebrochner Apfelzweig,
Dein Traum war tief.
Nun kam die Segensstunde. Und nun zeig,
Was in dir schwieg und schlief.

Zur stillen Nacht

Rudolf Alexander Schröder

Zur stillen Nacht,
da keiner wacht,
leise, leise,
ein Blümlein zart
nach Rosen Art
will blühn auf blankem Eise.

Der Bote ruft
aus hoher Luft
leise, leise.
Rund um ihn her
ein himmlisch Heer
stimmt ein nach Engels Weise.

Der Hirten Schar
erschrak fürwahr:
leise, leise!
Nur Fried und Freud
geschieht euch heut,
Gott in der Höh zum Preise.

Zum Stalle zieht
und schaut und kniet
leise, leise:
Im Stroh geschmiegt
das Kindlein liegt;
es kommt von weiter Reise.

Nicht Mond noch Stern
wohnt also fern:
Leise, leise
vom Himmelsthron
stieg Gottes Sohn,
daß er euch tränk und speise.

Ich steh an deiner Krippe hier

2. Da ich noch nicht geboren war, / da bist du mir geboren / und hast mich dir zu eigen gar, / eh ich dich kannt, erkoren. / Eh ich durch deine Hand gemacht, / da hast du schon bei dir bedacht, / wie du mein wolltest werden.

3. Ich lag in tiefster Todesnacht, / du warest meine Sonne, / die Sonne, die mir zugebracht / Licht, Leben, Freud und Wonne. / O Sonne, die das werte Licht / des Glaubens in mir zugericht', / wie schön sind deine Strahlen.

4. Ich sehe dich mit Freuden an / und kann mich nicht satt sehen; / und weil ich nun nicht weiter kann, / bleib ich anbetend stehen. / O daß mein Sinn ein Abgrund wär / und meine Seel ein weites Meer, / daß ich dich möchte fassen.

T: Paul Gerhardt 1653 M: Wittenberg 1529

Winter

Vagantenlied aus dem 12./13. Jahrhundert

Nun zeigt der Winter seine Macht
den Blumen und der Weide,
verweht ist alle ihre Pracht,
das klagt uns rings die Heide.
Der Reif und Schnee tut ihnen weh,
matt steht und fahl der grüne Klee,
die Vögel schweigen weitumher,
sie leben in großen Sorgen;
sie haben vor des Frostes Heer
sich tief im Nest verborgen.

*

Winternacht

Joseph von Eichendorff

Verschneit liegt rings die ganze Welt,
ich hab' nichts, was mich freuet,
verlassen steht der Baum im Feld,
hat längst sein Laub verstreuet.

Der Wind nur geht bei stiller Nacht
und rüttelt an dem Baume,
da rührt er seine Wipfel sacht
und redet wie im Traume.

Er träumt von künft'ger Frühlingszeit,
von Grün und Quellenrauschen,
wo er im neuen Blütenkleid
zu Gottes Lob wird rauschen.

Erklärung

Peter Bichsel

Am Morgen lag Schnee.
Man hätte sich freuen können.
Man hätte Schneehütten bauen
können oder Schneemänner,
man hätte sie als Wächter
vor das Haus getürmt.
Der Schnee ist tröstlich, das
ist alles, was er ist – und er
halte warm, sagt man, wenn
man sich in ihn eingrabe.
Aber er dringt in die Schuhe,
blockiert die Autos, bringt
Eisenbahnen zum Entgleisen
und macht entlegene Dörfer einsam.

Iglu

Franz Ringseis

Heit san d Auto üba Nacht
zu lauta Iglu worn.
So tiaf hots da Schnee eigmacht.
Kennst nimma hint und vorn.

Wia wenns Wintaschläfa waarn,
so friedlich is dees Buid.
Drüm nur schaufet oana wuid,
daß an findt, sein Karrn.

*

Seltsame Dinge

Thomas Zacharias

Seltsame Pflanzen:

Teppichstangenbohne Würfelzuckererbse Tiefseerose Mineralwassermelone Radiergummibaum

Seltsame Tiere:

Wettlaufkäfer Nudelwasserfloh Gartenzwergpudel Eierschneehase

Seltsame Speisen:

Wasserlinsensuppe Kuckuckseierkuchen Dummkopfsalat Pferdeapfelstrudel

Seltsame Krankheiten:

Seifenblasenkatarrh Bergrückenschmerzen Elfenbeinbruch Wursthautausschlag Krachmandeloperation

Seltsame Berufe:

Nashornbläser Mastkorbflechter Pfauenaugenarzt Hummerscherenschleifer

Seltsame Dinge:

Hühneraugenwimpern Umwegweiser Magensaftzentrifuge Strickleiterwagen Bücherwurmfortsatz

Heute tanzen alle

2. Erst kommt unser Vater,
   tanzt mit dem alten Kater.
3. Nach ihm kommt die Mutter,
   tanzt mit dem Faß voll Butter.
4. Grete mit der Ziege
   tanzt auf der Hühnerstiege.
5. Und der Hans, der kleine,
   tanzt nur mit sich alleine.

Er ist's

Eduard Mörike

Frühling läßt sein blaues Band
Wieder flattern durch die Lüfte;
Süße, wohlbekannte Düfte
Streifen ahnungsvoll das Land.
Veilchen träumen schon
Wollen balde kommen.
– Horch, von fern ein leiser Harfenton!
Frühling, ja du bists!
Dich hab ich vernommen!

Lob des Frühlings

Ludwig Uhland

Saatengrün, Veilchenduft,
Lerchenwirbel, Amselschlag,
Sonnenregen, linde Luft!
Wenn ich solche Worte singe,
braucht es dann noch großer Dinge,
dich zu preisen, Frühlingstag?

März

Georg Britting

Über der Isar fliegen
die Möven im knatternden Wind.
Die Enten schnattern und liegen
am Ufer dann still. Es sind

die Wolken nie höher gestiegen
als diese Stunde im März.
Die Möven schreien und fliegen
der taumelnden Sonne ans Herz.

Mara Motter

Michael Georg Conrad

I siach di nou, zwar lang it's har,
wia d'jung gwa bist, a schäni Fraa,
und flink und eifri, mit lachada G'sicht,
stäts bei dr Arbet, früh und spät –
und ke bäs Wort fer die bäsi Kind',
nor Liabs und Guats. O reiches Harz
zor Frühlingszeit!

I siach di nou, 's it aa lang har,
wia d'duldet hast viel Harzaläd
und manchi Nocht nit g'schlaffa hast
vor schwarer Sorg und Kümmernis.
Und ke bäs Wort fer die bäsi Walt,
nor Liabs und Guats. O starkes Harz
zor Summerszeit!

I siach di nou, wia d'stiller werst,
mit g'falti Händ': „Etz wia Gott will!"
Die Kind' sen fort, sie sen versorgt,
as Laba nimmt sein' neua Gang.
Und ke bäs Wort fer die Einsamkeit,
nor Liabs und Guats. O frommes Harz
zor Herbsteszeit!

Und Winter werd's. Du bist schnäweiß,
a alt's gebrächlis Fräla etz.
Vo' weit har kumma dei Kinder heem,
mit Kindeskind'! Und wieder jung
lacht's aus dei'm G'sicht wie Sunnaschei':
Nor Liab's und Guat's! O Motterharz
zor Weihnachtszeit!

Nix brengt di üm, nix macht di hi' –
ke Arbet, Kranket, Sorg', Verdruß.
Die Zeit kummt har, die Zeit vergeht,
die ganzi Walt verändert's G'sicht –
nor dei' Harz nit, dei Motterharz!
In Liab und Guattat bleibst du gleich
in Ewigkeit!

*

Sommerliches Gebet

Rudolf Hagelstange

Laß das Korn am Halm sich häufen
und die Frucht im Feld,
laß das Heu der Wiesen reifen,
Herr der Welt!

Nimm das Vieh auf deinen Weiden
unter deine Hut
und die Hirten, die da leiden
in der Mittagsglut.

Laß die Winde leiser wehen
vor der Sonne Bild,
laß den Regen niedergehen,
der die Brunnen füllt.

Führe uns auf jeder Straße
– Wiesenland und Stein –,
aber laß nach deinem Maße
uns zum Heil es sein.

Ohne dessen Plan vom Dache
nicht ein Sperling fällt,
schütze uns vor Ungemache,
Herr der Welt!

Sommer

Ilse Kleberger

Weißt du, wie der Sommer riecht?
Nach Birnen und nach Nelken,
nach Äpfeln und Vergißmeinnicht,
die in der Sonne welken,
nach heißem Sand und kühlem See
und nassen Badehosen,
nach Wasserball und Sonnenkrem,
nach Straßenstaub und Rosen.

Weißt du, wie der Sommer schmeckt?
Nach gelben Aprikosen
und Walderdbeeren, halb versteckt
zwischen Gras und Moosen,
nach Himbeereis, Vanilleeis
und Eis aus Schokolade,
nach Sauerklee vom Wiesenrand
und Brauselimonade.

Weißt du, wie der Sommer klingt?
Nach einer Flötenweise,
die durch die Mittagsstille dringt,
ein Vogel zwitschert leise,
dumpf fällt ein Apfel in das Gras,
ein Wind rauscht in den Bäumen,
ein Kind lacht hell, dann schweigt es schnell
und möchte lieber träumen.

Der Böhmische Wald

Georg Britting

Das ist nicht ein Wald, wie sonst einer,
der böhmische Wald.
Er ist so schwarz, wie sonst keiner –
es hat ihn noch keiner gemalt,
wie er ist.

Zwar sind die Wölfe, die Bären
nicht mehr
in seinen dunklen Schlüften.
Ach, wären
sie's noch! Dann die Jagdhunde her!
Was das Hifthorn sang,
das schallte zurück von dem Grunde.

Nur Pilze, die wachsen noch, schwarz und auch rot,
und die Quelle, die rinnt, wie einst so kalt,
und die Felstrümmer stehen in Bärengestalt,
mit Moos um die riesigen Hüften.

Oft geht ein Wind,
aus dem Böhmischen her,
und der Winter ist lang,
und der Sommer ist schwer
vom Grün und vom Gold,
was wipfelab rollt.

Wo das Wasser sich rührt
im grundigen Moor –
oh, wie dort mit List
den Hasen aufspürt
der Rotfuchs, der es durchschnürt!
Seine Nase hat ihn geführt.

Es hat, in seiner schwarzen Gewalt,
den böhmischen Wald,
noch keiner gemalt, wie er ist.

*

Gefunden

Johann Wolfgang von Goethe

Ich ging im Walde
so für mich hin,
um nichts zu suchen,
das war mein Sinn.

Im Schatten sah ich
ein Blümchen stehn,
wie Sterne leuchtend,
wie Äuglein schön.

Ich wollt es brechen,
da sagt' es fein:
„Soll ich zum Welken
gebrochen sein?"

Ich grubs mit allen
den Würzlein aus,
zum Garten trug ichs
am hübschen Haus.

Und pflanzt es wieder
am stillen Ort;
nun zweigt es immer
und blüht so fort.

Da Zaunkini

Fritz Morgenschweis

Schau hi, wöi a schwanzelt,
ja, wöi a grod tanzelt
af da Zaunlattn dräam!

Äitz streckta sei Köpfl,
blaht af sei brauns Kröpfl,
als ghäiat alls eahm.

Und blustat sei Federn,
als mächta an jedern,
zoagn, wer er is.

Sei stadt, äitza singta,
vülleicht eppa bringta
sei Volk üba dWies?

'Ha, wos i bi, des bin i,
a richtiger Kini
af meine poa Stegga!"

Und braucht bloß an Housta,
an ganz an kloan Pousta –
nou is a wegga.

Kiliani

Karl Hochmuth

Das Korn steht steil
und aus dem Maintal
wehen warme Winde.
Eine pralle Sonne
trocknet die Pfützen,
der Dunst von Schaschlik,
türkischem Honig
und Essiggurken
vermengt sich
mit dem Plärren der Lautsprecher:
Ein einmaliges Erlebnis –
eine Fahrt zum Mond –
für eine einzige Deutsche Mark!

In der Gruft
tropft die Zeit,
wenn Wallfahrer
aus Frickenhausen,
aus Eßfeld
und Duttenbrunn
vor dem Schrein
der drei Häupter
beten.

Das Karussell

Rainer Maria Rilke

Mit einem Dach und seinem Schatten dreht
sich eine kleine Weile der Bestand
von bunten Pferden, alle aus dem Land,
das lange zögert, eh es untergeht.
Zwar manche sind an Wagen angespannt,
doch alle haben Mut in ihren Mienen;
ein böser roter Löwe geht mit ihnen
und dann und wann ein weißer Elefant.

Sogar ein Hirsch ist da ganz wie im Wald,
nur daß er einen Sattel trägt und drüber
ein kleines blaues Mädchen aufgeschnallt.

Und auf dem Löwen reitet weiß ein Junge
und hält sich mit der kleinen heißen Hand,
dieweil der Löwe Zähne zeigt und Zunge.

Und dann und wann ein weißer Elefant.

Und auf den Pferden kommen sie vorüber,
auch Mädchen, helle, diesem Pferdesprunge
fast schon entwachsen; mitten in dem Schwunge
schauen sie auf, irgendwohin, herüber –

Und dann und wann ein weißer Elefant.

Und das geht hin und eilt sich, daß es endet,
und kreist und dreht sich nur und hat kein Ziel.
Ein Rot, ein Grün, ein Grau vorbeigesendet,
ein kleines, kaum begonnenes Profil –.
Und manchesmal ein Lächeln, hergewendet,
ein seliges, das blendet und verschwendet
an dieses atemlose blinde Spiel . . .

An einem Tag

Hanna Hanisch

Axel und ich auf dem Schulhof
brüten im Schwitzkasten.
Riß in der Hose,
Dreck im Gesicht.
Axel heult.
Ich pfeife vor Wut.

Zu Hause:

Wie siehst du aus?
Hast du schon wieder . . .
Daß du mir nie mehr mit dem da,
marsch, in die Küche!

Am Telefon streiten sie:
Axels Vater und meiner

Axel und ich auf der Mauer
tauschen postfrisch und gestempelt
Polen gegen Uruguay,
Max und Moritz gegen Apollo acht.
Axel grinst.
Ich pfeife mir eins.

Telefonieren die immer noch?

I brauch di

Helmut Zöpfl

So wiara Auterl sei Benzin
und der Kranke sei Medizin,
so wia a Fliagn braucht ihre Flügel
und sei Stacheln braucht der Igel,
so wia vier Wänd braucht jede Stubn
und de Zahnpasta braucht a Tubn,
so wia jeds Schifferl braucht an See
und der Skifahrer an Schnee,
so wia a Dracha braucht an Wind
und a Spuizeug braucht as Kind,
so wia der Fuaßballclub an Ball
und a Pferdl braucht sein Stall,
genauso, glaub ma's, brauch i di,
weil ohne di i gar nix bi.
Des wollt i eigentlich scho lang
dir endli oamal wieder sagn.
I sag dir Dankscheen dafür heut,
daß du für mi hast oiwei Zeit,
und a Vergelts Gott aa dafür,
daß i dann komma derf zu dir,
wenn mir was schwer am Herzen liegt.
I find's so pfundig, daß' di gibt.
So wia a Liad durch d'Melodie,
bin i durch di erst richtig i.
Komm, halt ma weiter zsamm mia zwoa.
I brauch di, laß mi net alloa.

Manchmoll

(gekürzt)

Gerhard C. Krischker

Manchmoll möchdi
a fischla sai
obbä wos hosd däfoo
dauänd däffsd wassä schluggn
un om end landsd in dä noddsee
du wasd scho in welchä

Manchmal möchte ich
ein Fisch sein
aber was hat man davon
dauernd muß man Wasser schlucken
und am Ende landet man in der Nordsee
du weißt schon in welcher

manchmoll möchdi
a blumma sai
obbä wos hosd däfoo
wännsd in kana woosn färeggsd
fäblüüsd aa

Manchmal möchte ich
eine Blume sein
aber was hat man davon
wenn man nicht in der Vase stirbt
verblüht man auch

manchmoll möchdi
a wölgla sai
obbä wo hosd däfoo
grau wärräsd aa
un amoll duds an drümmä schlooch
un fodd bisd

Manchmal möchte ich
ein Wölkchen sein
Aber was hat man davon
grau wird man auch
und auf einmal tut es einen gewaltigen Schlag
und weg bist du

manchmal möchdi
naa
iich blaib libbä
a mensch

Manchmal möchte ich
nein
ich bleibe lieber
ein Mensch

Kommt ein Tag in die Stadt

Hans Adolf Halbey

Ein Wecker rasselt,
eine Teekanne zischt,
ein Regenguß prasselt,
eine Putzfrau wischt,
ein Briefkasten klappert,
ein Baby schreit,
eine Nachbarin plappert,
und ganz weit
quietscht eine Bahn in den Schienen.
So kommt ein Tag in die Stadt:
im Dämmerlicht um halb sieben,
in die Stadt, die geschlafen hat.

Vielleicht ist am Abend der Regen zu Ende,
vielleicht ist der Himmel dann rot,
vielleicht hat die Putzfrau rissige Hände
und vielleicht ist die Nachbarin tot.

Ein neuer Tag im Dämmerkleid . . .
Irgendwo plappert ein Kind,
eine Straßenbahn rasselt, ein Wecker schreit,
am Fenster rüttelt der Wind.
So kommen die Tage über die Städte:
am Morgen im fahlen Licht, und welcher Tag in der langen Kette
keinen Abend hat – ich weiß es nicht.

Im Maschinensaal

Kurt Küther

Ein Saal
hundert Maschinen.
Dazwischen Menschen, die sie bedienen:
Diener der Technik, blau die Monturen,
im Sold, bemessen nach Zeitnehmeruhren.

– vom Mund gerissen ertrinkt jedes Wort
im Stau der Geräusche –
Fließbandakkord!

Drei Bären

Heinz Erhardt

Ein Brombär, froh und heiter, schlich
durch einen Wald. Da traf es sich,
daß er ganz unerwartet, wie's
so kommt, auf einen Himbär stieß.

Der Himbär rief – vor Schrecken rot –:
„Der arme Stachelbär ist tot!
Am eignen Stachel starb er eben!"
„Ja", sprach der Brombär, „das soll's geben!"
und trottete – nun nicht mehr heiter – weiter . . .

Doch als den „Toten" er nach Stunden
gesund und munter vorgefunden,
kann man wohl zweifelsohne meinen:
Hier hat der andre Bär dem einen
'nen Bären aufgebunden!

Der Bumerang

Eugen Roth

Ein Mensch hört irgendwas, gerüchtig,
Schnell schwatzt ers weiter, neuerungssüchtig,
So daß, was unverbürgt er weiß,
Zieht einen immer größern Kreis.
Zum Schluß kommts auch zu ihm zurück.
Jetzt strahlt der Mensch vor lauter Glück:
Vergessend, daß ers selbst getätigt,
Sieht froh er sein Gerücht bestätigt.

fünfter sein

Ernst Jandl

tür auf
einer raus
einer rein
vierter sein

tür auf
einer raus
einer rein
dritter sein

tür auf
einer raus
einer rein
zweiter sein

tür auf
einer raus
einer rein
nächster sein

tür auf
einer raus
selber rein
tagherrdoktor

umulmrum

Konrad Balder Schäuffelen

nach	mencha	nei
nach	seflenga	naus
nach	schturgert	nontr
ens	allgai	nauf
	diller	nauf

nach	neiulm	nom
ens	boirische	niber
nach	elchenga	na
	dona	na

Eugen Gomringer

w w
d i
n n n
i d i d
w w

Verse für das Poesiealbum

Denn der Herr kam nicht zur Welt,
damit die Menschen weiser,
sondern damit sie gütiger werden.
(K. H. Waggerl)

Ein wahrer Freund trägt mehr zu unserem Glück bei
als tausend Feinde zu unserem Unglück.
Ebner-Eschenbach

Wenn alle untreu werden,
so bleib ich Dir doch treu,
daß Dankbarkeit auf Erden
nicht ausgestorben sei.
NOVALIS

Was es auch Großes und Unsterbliches zu erstreben gibt:
Dem Mitmenschen Freude zu machen, ist doch das Beste,
was man auf der Welt tun kann.
Rosegger

Mit Gott fang' an,
mit Gott hör' auf,
das ist der beste Lebenslauf.

108

Kinder- und Jugendliteratur

Tom Sawyer
Mark Twain
DAS BUCH DER JUGEND '79
Bilderbücher
Kinderbücher
Jugendbücher
Emil
UND DIE DETEKTIVE
VON ERICH KÄSTNER
Trier
Ludmilla Mirus
Tiere, die uns begegnen
MARINA THUDICHUM
Kinder auf vielerlei Wegen
HERBERT ERDMANN
Das Abenteuer der Sandspringer

F r a g e b o g e n

Anton Kreuz

1. Was tust du in deiner Freizeit am liebsten ?

2. Liest du auch gerne ?

3. Was liest du am liebsten ?

4. Welche Bücher liest du am liebsten ?
   - Abenteuerbücher ?
   - Jungenbücher ?
   - Mädchenbücher ?
   - Sachbücher (Technik, Geschichte, fremde Länder, Tiere und Pflanzen, Basteln, Lexikon) ?

5. Hast du zu Hause Bücher ?

6. Wie oft liest du Bücher ?
   Wie viele ungefähr im Monat ?

7. Woher bekommst du die Bücher ?
   - Kaufst du sie dir selbst ?
   - Bekommst du sie geschenkt ? Von wem ?
   - Leihst du sie dir aus ? Wo ?
   - Tauschst du ?

8. Wann liest du Bücher ?
   - Wenn es dir langweilig ist ?
   - Wenn du dich entspannen willst ?
   - Wenn du dich unterhalten willst ?

9. Was findest du an den Büchern besonders gut ?
   - Sie sind spannend !
   - Sie sehen gut aus !
   - Man lernt andere Menschen kennen !
   - Man erfährt Neues aus der Technik !
   - Man kann viel fürs Leben lernen !

10. Was sagen deine Eltern, wenn du liest ?
    - Sie sagen, daß sie sich darüber freuen ?
    - Sie sagen: Mach lieber etwas anderes !
    - Sie sagen überhaupt nichts dazu !

11. Möchtest du auch in der Schule neue Bücher kennenlernen ?

12. Würdest du dich gern mit deinen Klassenkameraden über den Inhalt dieser Bücher unterhalten ?

Das Abenteuer der Sandspringer

Herbert Erdmann

Ausschnitt aus dem Klappentext des Buches

Natürlich ist es Unfug, von einer Brücke in die Sandladung eines Güterwagens zu springen. Manfed ist ja auch nur aus Langeweile auf diese Idee gekommen. Aber nun, da er es einmal gewagt hat, wollen es ihm alle aus der Klasse gleichtun – alle, außer Georg. Georg hat Angst. Er bekommt Herzklopfen und feuchte Hände, wenn er nur an diese Brücke denkt. Und weil er nicht springt, verachten ihn die andern, schließen ihn aus der Gemeinschaft aus. Er ist der einzige, der nicht in den „Klub der Sandspringer" aufgenommen wird. Er steht allein.

Und eines Tages springt er dann doch. Es geht alles gut; Georg ist glücklich. Nun wird er wieder ebenbürtig zwischen den andern bestehen können . . .

Aber es geht doch nicht alles gut. Der Güterzug hält nicht, wie bisher alle Güterzüge, an der Bahnböschung, um dort rangiert zu werden – dieser Güterzug fährt ohne Aufenthalt weiter. Wohin? Ja, Georg würde viel darum geben, wenn er das wüßte . . .

INHALT

Ausschnitt aus dem Verlagskatalog

Abenteuer und Geschichte **Lesestoff ab der 5. Klasse**

Herbert Erdmann
Das Abenteuer der Sandspringer
140 Seiten, Illustriert. Leinen mit Schutzumschlag DM 7,80
ISBN 3-403-00045-1
Wer Mitglied werden will im Klub der Sandspringer, muß von einer Brücke in die Sandladung eines Güterwagens springen. Als letzter seiner Klasse wagt Georg den Sprung. Der Güterzug jedoch hält nicht, wie gewohnt, nach einigen Metern auf dem Rangiergleis. Er fährt weiter, und Georg kann nicht mehr abspringen.

Empfohlen u. a. durch:
Die Neue Bücherei, München
Das gute Jugendbuch, Ratingen
Jugendschriften-Ausschuß, Bremen

Das Abenteuer der Sandspringer *(Ausschnitt)*

Herbert Erdmann

. . . „Spring jetzt!" rief Alfred.
Das war ein Jubel auf der Brücke. Georg setzte zum Sprung an. Und dann flog er durch die Luft, mit angezogenen Beinen und auseinandergebreiteten Armen. Nur Manfred jubelte nicht.
Mehr als dreißig Jungenköpfe beugten sich über das Brückengeländer. Jeder, außer Manfred, wollte sehen, wie Georg in den Sand plumpste, wie er sich glücklich hin und her wälzte und nach oben winkte.
„Das war ein Meistersprung", sagte Alfred. Und dann rief er nach unten: „Du bist jetzt unser Boß. Vergiß nicht den Sand für Manfred. Er freut sich schon darauf."
Manfred verzog das Gesicht.
Der Zug unten fuhr ab.
Nur Manfred lief nicht mit seinen Freunden zur anderen Seite der Brücke. Die anderen wollten Georg im davonfahrenden Waggon sehen.
Da standen sie nun und winkten und schrien. Georg war plötzlich nicht mehr das Zuckerjüngelchen. Großartig war er gesprungen, richtig elegant. Das hatte keiner besser gemacht als er.

„An der Böschung hält der Zug", rief Alfred hinter Georg her. „Spring ab, wenn der Zug hält! Paß auf, ob kein Rangierer in der Nähe ist! Rangierer können ruppig werden. Wir warten auf dich an der Böschung." Dann rannten die Jungen von der Brücke zur Böschung. Mehr als dreißigmal waren sie schon zur Böschung gerannt. Sie kannten den Weg. Sie wußten auch, daß sie früher an der Böschung sein würden als der langsam fahrende Güterzug. Jeder freute sich auf die Begrüßung – nur Manfred nicht. Er blieb allein auf der Brücke zurück.

Die Jungen standen schon winkend an der Böschung, als die Lokomotive vorbeifauchte. Dann kam die lange Reihe kriechender und kreischender Waggons. Georg lugte über den Rand des Sandwaggons hinweg. Er lachte und sah gar nicht bleich aus.

„Du darfst erst springen, wenn der Zug hält", rief Alfred. Und zu seinen Freunden sagte er: „Jetzt müßte der Zug eigentlich halten." Langsam rollte der lange Güterzug vorüber. „Jetzt muß er aber ganz bestimmt halten", sagte Alfred. „Hier hält er doch immer."

Der Zug hielt nicht.

Ein Ruck ging durch die lange Waggonreihe. Die schwere Lokomotive fauchte und schnaufte und zischte.

„Die sieht gar nicht aus wie eine Rangierlokomotive", sagte Alfred. „Das kommt mir heute so komisch vor, so besonders komisch."

Die Lokomotive zog noch heftiger an.

Georgs Kopf am Waggonrand wurde kleiner und kleiner. Obwohl die Jungen Georgs Gesicht nicht mehr erkennen konnten, glaubten sie doch zu sehen, daß er wieder bleich geworden war.

Irgendwo rief ein Rangierer, den die Jungen von der Böschung aus nicht sehen konnten: „Freie Fahrt!"

„Freie Fahrt!" wiederholte Alfred traurig. „Wer hätte das gedacht?"

Als der Zug schon in der Ferne verschwunden war, standen die Jungen wieder auf der Brücke. Sie sprachen nur wenig. Manfred war blaß geworden und kaute an seinen Fingernägeln.

„Sollen wir zur Polizei gehen?" fragte Alfred.

Keiner wußte einen Rat. „Vielleicht fährt der Zug gar nicht so weit", sagte Manfred. „Vielleicht hält er schon bald. Güterzüge halten oft. Dann kann der Georg immer noch abspringen. Und wenn er fünf Kilometer laufen muß, ist das auch nicht so schlimm. Der Zug hält bald, ganz bestimmt!"

Langsam und mit hängenden Köpfen schlenderten die Jungen davon.

Nur Alfred blieb noch auf der Brücke stehen. Er hoffte, daß der Güterzug doch noch zurückkehren würde.

Alarm für die Bahnpolizei

Manfred saß unruhig beim Abendbrot.
Verstohlen blickte er auf die Armbanduhr seines Vaters. „Stimmt das?" fragte er nach einer Weile. „Haben wir schon sieben Uhr?"
Sein Vater nickte. „Warum fragst du nach der Zeit?" wollte er wissen. „Nach draußen darfst du jetzt sowieso nicht mehr."
Manfred schob sich einen Bissen in den Mund und maulte etwas Unverständliches vor sich hin. Jetzt ist Georg schon seit zwei Stunden unterwegs, dachte er. So ein Güterzug fährt in der Stunde fünfzig oder sechzig Kilometer, vielleicht auch siebzig. Dann ist der Zug jetzt schon hundertzwanzig oder noch mehr Kilometer entfernt.
„Kennst du eine Stadt, die hundertundzwanzig Kilometer von hier entfernt ist?" fragte er seine Schwester. „Das weiß ich, aber ich sage es nicht", antwortete die Schwester. „Denk doch selbst nach! Warum willst du das überhaupt wissen? Fragen hast du heute abend! So richtig albern!"
„Du bist albern, bäh!" Unter dem Tisch trat Manfred seiner Schwester auf den Fuß. Seine Schwester schrie laut los, hob ein Bein an und stieß mit dem Knie so heftig unter den Tisch, daß die Tassen wackelten.
„Wer war das?" fragte der Vater.
Keiner wollte der Schuldige sein. „Das war Hannelore", rief Manfred. „Die hat doch so spitze Knie; mit denen sie eines Tages noch Löcher in den Tisch stößt."
„Gar nicht wahr!" ereiferte sich die Schwester. „Der Manfred hat mich getreten. Der ist überhaupt so ein Esel, der immer tritt. Bei einem solchen Esel hilft nur ein Eseltreiber, der ihn ordentlich verprügelt, so richtig mit einem dicken Knüppel."
Die Mutter schüttelte den Kopf. „Ruhe!" befahl der Vater.
„Ich möchte nur wissen, was mit dem Manfred heute los ist", ließ die große Schwester nicht locker. Wenn ihr Bruder sie einmal geärgert hatte, gab sie so schnell keine Ruhe. Das wußte Manfred.
„Deinen Mund sollte man zukleben", sagte er.
„Und deinen Mund sollte man zustopfen", erwiderte die Schwester.
„Zustopfen?" Manfred mußte schon wieder an Georg denken. „Zustopfen? Aber nicht mit Sand?"
Der Vater hob die Hand. „Was ist denn in euch gefahren?"
Manfreds Schwester brauchte nicht lange nach einer Antwort zu suchen. „In mich ist gar nichts gefahren", sagte sie. „Aber in den Manfred ist etwas gefahren, bestimmt etwas Komisches, ein Ko-

bold oder so etwas. Der benimmt sich ja, als müßte er morgen eine ganz schwere Klassenarbeit schreiben. Deshalb braucht er sich aber gar nicht aufzuregen und gleich so kratzbürstig zu sein. Bei Klassenarbeiten ist er doch immer ganz groß im Abschreiben, das weiß ich. Ein richtiger Abschreibkünstler ist er. Und ich weiß, daß er immer beim Georg abschreibt. Schreibst du morgen wieder bei Georg ab, du mißratener Musterschüler?''

Jetzt hob die Mutter den Zeigefinger.

,,Bei Georg kann ich morgen gar nicht abschreiben'', sagte Manfred. ,,Der Georg ist nämlich gar nicht da. Der ist verreist.''

,,Ach, sieh mal an!'' Manfreds Schwester wurde neugierig. ,,Du willst mich wohl an der Nase herumführen. Seit wann ist denn der Georg verreist?''

,,Seit heute!'' antwortete Manfred.

Seine Schwester wurde noch neugieriger. ,,Heute nachmittag habe ich den Georg aber noch gesehen'', sagte sie. ,,Er ging zur Brücke und nicht zum Bahnhof. Und einen Koffer habe ich auch nicht gesehen. Hat er vielleicht einen Pagen, der den Koffer hinter ihm herschleppt? Und kannst du mir sagen, mit welchem Zug er gefahren ist, Manfred? Vielleicht mit einem gepolsterten Sonderzug erster Klasse?''

,,Nein, mit einem Güterzug vierter Klasse!'' Manfred biß sich auf die Lippen. Er hatte sich verplappert. Und schon trat er seiner Schwester wieder auf den Fuß.

,,Du dumme Ziege!'' schimpfte er. ,,Wenn man auf dein Geplapper hört und auf dein Ziegenmeckern hereinfällt, redet man nur noch dummes Zeug daher. Laß dir doch einen Bart wachsen! Dann siehst du einer Ziege noch ähnlicher!''

Die große Schwester überlegte eine Weile. ,,So dummes Zeug habe ich gar nicht gesprochen'', sagte sie dann. ,,Du, Manfred, da habe ich etwas gehört!''

,,Glaubt ihr kein Wort!'' rief Manfred und sah dabei seine Eltern an. Schwupps, trat er seiner Schwester noch einmal auf den Fuß. Die ließ sich aber nicht ablenken, sondern plapperte weiter: ,,Da habe ich etwas gehört. Es gibt einen Klub der Sandhüpfer oder Sandflöhe, stimmt das?''

,,Sandspringer!'' verbesserte Manfred.

,,Ha, ha, ha!'' Manfreds Schwester schüttelte sich vor Lachen. ,,Jetzt hast du dich selbst verraten. Ich wollte doch nur wissen, ob es so einen Klub gibt. Und ein kleines Männchen hat mir ins Ohr geflüstert, daß diese Sandspringer von der Brücke auf fahrende Güterzüge springen.''

,,Unsinn!'' Manfred wollte seiner Schwester noch einmal auf den

Fuß treten, traf aber nur ins Leere. „Unsinn ist das, nichts als Unsinn! Wir springen nicht auf fahrende Züge!"
Seine Schwester sprang auf. „Habt ihr das gehört? Auf fahrende Züge springen sie nicht. Aber sie springen, das steht fest. Und das kluge kleine Männchen hat mir auch ins Ohr geflüstert, der Georg sei als einziger aus eurer Klasse noch nicht gesprungen. Ich glaube ... ich glaube, heute nachmittag ist er gesprungen. Heraus mit der Sprache, du Sandfloh!"
„Stimmt das?" fragte der Vater.
Manfred druckste herum.
„Stimmt das?" fragte der Vater noch einmal und noch strenger als zuvor.
Manfred saß wie gelähmt am Tisch. Er wußte, daß er sich bei seinem Vater nicht herausreden konnte. Er wußte aber auch, daß Georg jetzt irgendwo auf einem Sandwagen einem unbekannten Ziel entgegenfuhr.
„Das ... das stimmt", stammelte er. „Wir wußten aber nicht, daß der Zug plötzlich davonfahren würde. Wenn wir das gewußt hätten ... ach, wenn wir das doch vorher gewußt hätten!"
„Ich verstehe immer noch nichts", sagte der Vater.
„Los, sprich!" meldete sich die große Schwester. „Was habt ihr mit dem Georg gemacht? Das kann nichts Gutes gewesen sein."
„Nichts Gutes ... gemacht ... wir haben gar nichts mit dem Georg gemacht. Der Georg ist einfach so gesprungen." Manfred atmete einmal tief und begann dann zu berichten. Über den Klub der Sandspringer sprach er, über Georg, der sich fast ein ganzes Jahr lang vor dem Sprung gedrückt hatte und nun doch endlich gesprungen war. Manfred verschwieg nichts. Während er sprach, glaubte er Georg vor sich zu sehen. Das war ein ängstliches Gesicht in finsterer Nacht. Jetzt durfte nichts mehr verschwiegen werden. Manfred plapperte drauflos. Er wußte, daß es ein Donnerwetter geben würde. Viel schlimmer aber wäre es, wenn Georg in große Gefahr geraten würde.
„Stimmt das?" fragte der Vater.
„Alles stimmt", versicherte Manfred.
Sein Vater sah auf die Uhr. „Wir müssen sofort etwas unternehmen. Wer weiß, was geschehen kann, wenn wir nichts unternehmen? Euch Lausejungen sollte man ... aber darüber sprechen wir später noch. Zieh dich an! Wir gehen zur Bahnpolizei." ...

Hinweise für Büchereibenützer

Die Stadt- und Gemeindebibliotheken sind Öffentliche Büchereien, denen immer eine Kinder- und Jugendabteilung angegliedert ist.

Jugendbücherei – was gibt es da alles?

Bücher natürlich! Aber auch Zeitschriften, Spiele, Schallplatten und Kassetten.
Frag einmal die Leser einer Jugendbibliothek, warum sie regelmäßig kommen. Die Antwort ist häufig: „Weil ich alles ausgelesen hab, was zu Hause ist." Oder: „Zum Selberkaufen reicht mein Taschengeld nicht. Bücher krieg ich nur zu Weihnachten oder zum Geburtstag geschenkt."
Vor allem aber: die Auswahl ist groß, und es gibt Bücher für jeden Wunsch. – Da ist Thomas, der sich fürs Radiobasteln begeistert. Du interessierst dich vielleicht für Dinosaurier, deine Schwester für Pyramiden, und dein Freund liest am liebsten Abenteuergeschichten. Ganz bestimmt findet jeder ein passendes Buch zu seinem Thema, probier es doch einmal aus!

Was mußt du tun, wenn du zum ersten Mal in eine Bibliothek kommst und Bücher, Spiele oder anderes ausleihen willst?
Zuerst meldest du dich an. Dazu bekommst du ein Antragsformular, auf dem Name, Adresse und Geburtsdatum eingetragen werden. Bei Jugendlichen unter achtzehn muß dieses Formular auch den Namen und die Anschrift von Vater oder Mutter tragen und von einem der beiden unterschrieben sein.
Nach diesen Angaben wird dir dann ein Leseausweis ausgestellt. Damit bist du Benutzer der Bibliothek und verpflichtest dich, ihre *Satzung* einzuhalten. Diese Satzung solltest du durchlesen.

Name, Vorname Niedermeier Renate

Ich erkenne die Benutzungsordnung der Bücherei an

27. 3. 1980 Renate Niedermeier

Datum Unterschrift

Schülerin 6. 10. 1969

Beruf oder Schule Geburtsdatum

Ringstraße 7, 8069 Oberpaindorf

Anschrift (Postleitzahl, Postamt, Straße, bei

C 0574538

Personalausweis-Nr.

Zustimmung der Erziehungsberechtigten: ____________

Zu Anfang bist du vielleicht verwirrt durch die vielen Regale mit Büchern. Aber du wirst schnell lernen, dich zurechtzufinden; denn alles ist sinnvoll geordnet. Eine Hinweistafel gibt Auskunft, nach welcher *Systematik* die Bibliothek eingerichtet ist, das heißt, nach welchem Plan die Bücher aufgestellt sind. Die Bibliotheken der Bundesrepublik sind nicht alle nach der gleichen Systematik eingerichtet.

Systematik

Kinder- und Jugendbücher werden eingeteilt in Unterhaltungsliteratur (Bilderbücher, Erzählungen) und in Sachliteratur.
Bilderbücher und Erzählungen sind nach dem Alter der Leser geordnet, Sachbücher nach Themen.
Die großen Gebiete der Sachbücher bilden jeweils eine Systematikgruppe. Sie sind nochmals unterteilt, z. B. die Naturwissenschaften in Physik, Chemie, Biologie, Astronomie usw.
Jede dieser Untergruppen ist nach den Verfassern geordnet. Die Namen stehen in alphabetischer Reihenfolge.

Beispiele für Systematikgruppen:

Unterhaltung

Bilderbücher (3–6 Jahre)
Märchen und
Fabeln (6–10 Jahre)
Erzählungen (6–9 Jahre)

Erzählungen (9–13 Jahre)
Erzählungen und
Jugendromane (ab 13 Jahre)

Sachbücher

Geschichte
Altertum
Mittelalter
Neuzeit usw.

Naturwissenschaften
Physik
Chemie
Biologie
Astronomie usw.

Technik
Elektrotechnik
Verkehrstechnik
Fotografie-Film
usw.

Sport und Spiel
Spiele
Basteln – Werken
usw.

Wenn du wissen willst, welchen Buchbestand deine Bibliothek hat, brauchst du nicht unbedingt an die Regale zu gehen und die Buchgruppen durchzusuchen. Dafür hat jede Bibliothek ihre Kataloge. Jeder kennt Kataloge: Warenhauskataloge, Briefmarkenkataloge oder Ausstellungskataloge.

Katalog

In der Bibliothek sehen die Kataloge jedoch anders aus. Sämtliche Bücher sind hier auf Katalogkarten verzeichnet. Die Katalogkarte und das dazugehörige Buch haben eine gemeinsame *Signatur.* Du findest sie auch an dem Regal, in dem das Buch steht.

Es gibt drei verschiedene Kataloge in der Bibliothek:

- einen Katalog nach Buchtiteln (Titel-Katalog),
- einen Katalog nach Verfassern (Verfasser-Katalog),
- einen Katalog nach Sachgruppen (Systematischer Katalog)

Suchst du das Buch „Die Vogel-Uhr", so mußt du alphabetisch unter „V" Vogel-Uhr nachsehen. Den Artikel „die" brauchst du nicht zu beachten, denn alle Artikel wie der, die, das und ein, eine fallen weg. Auf der Katalogkarte „Vogel-Uhr" steht außer näheren Angaben über das Buch und seinen Verfasser auch die Signatur, nach der du das Buch finden kannst.
Willst du wissen, welche Bücher von „Michael Ende" vorhanden sind, so mußt du alphabetisch unter *„Ende, Michael"* nachschauen. Hier sind seine Buchtitel eingetragen und wieder die entsprechenden Signaturen.
Brauchst du ein Buch über ein bestimmtes Sachgebiet, sagen wir Raumfahrt, so mußt du unter der richtigen Systematikgruppe suchen, in diesem Fall „Technik", Untergruppe Verkehrstechnik, Flug- und Raketentechnik, Weltraumfahrt. Dort stehen alle zu diesem Thema vorhandenen Bücher nach dem Alphabet der Verfasser geordnet zusammen.

Empfohlene Bücher:

Die mit dem Deutschen Jugendbuchpreis 1979 ausgezeichneten Bücher. Weiter die Bücher der „Auswahlliste zum Deutschen Jugendbuchpreis 79", die die Jury jeweils aus den Gruppen Bilderbuch, Kinderbuch, Jugendbuch und Sachbuch als besonders empfehlenswert ausgesucht hat.

24 Seiten, Einzelexemplare gegen Voreinsendung von DM 1,80 (Schutzgebühr inkl. Porto) in Briefmarken

Eine Auswahl von 200 Büchern und Lernspielen für die Altersgruppe bis 8 Jahre, die durch allgemeinverständliche Fachliteratur zu Erziehungs- und Bildungsfragen ergänzt wird.

32 Seiten. Einzelexemplar gegen Voreinsendung von DM 1,80 (Schutzgebühr inkl. Porto) in Briefmarken.

Über 600 alte und neue Bilderbücher nach Themenkreisen geordnet. Zu einzelnen Themengruppen gesonderte Einführungen. Die Auswahl wurde mit der Produktion 1978 abgeschlossen.

5., neubearbeitete Auflage 1978, 112 Seiten, Einzelexemplare gegen Voreinsendung von DM 3,- (Schutzgebühr inkl. Porto) in Briefmarken.

Hinweise

- Bücher, die mit dem Deutschen Jugendbuchpreis 1978 ausgezeichnet wurden; und Bücher, die in die Auswahlliste übernommen wurden.

★ Bücher, die als Grundstock für eine Schülerbücherei geeignet sind.

☐ Taschenbücher, die als Klassenlektüre geeignet sind.

Titel, die seit Jahren genannt werden, sind zu Beginn einzelner Gruppen bzw. Altersstufen in verkürzter Form aufgeführt.

Einbandarten:

geb.:	gebunden
brosch.	broschiert
TB:	Taschenbuch

Inhalt

Herausgeber der drei Verzeichnisse: Arbeitskreis für Jugendliteratur e. V. Elisabethstraße 15,- 8000 München 40

Bestellungen bei *Katalog-Vertriebsstelle Schönbornstraße 3, 6500 Mainz*

Für alle Verzeichnisse gelten günstige Staffelpreise, wenn mehr als 10 Exemplare bestellt werden.

Auszug aus dem Katalog Buch der Jugend 79

Aus »Oma«

Von 10 Jahren an

Carroll
★ *Alice im Wunderland*
DM 24,90 (Bitter)

Defoe
★ *Robinson Crusoe*
DM 13,80 (Arena)
DM 13,80 (Herder)
DM 14,80 (Loewes)

Kästner
★ *Das doppelte Lottchen*
★ *Emil und die Detektive*
Je DM 12,80 (Dressler)

Lindgren
★ *Die Brüder Löwenherz*
DM 19,80 (Oetinger)
★ *Kalle Blomquist*
DM 25,- (Oetinger)

Nöstlinger
★ *Wir pfeifen auf den Gurkenkönig*
DM 12,80 (Beltz)

Preußler
★ *Die Abenteuer des starken Wanja*
DM 16,80 (Arena)

Swift
★ *Gullivers Reisen*
DM 14,80 (Loewes)
DM 11,80 (Ueberreuter)

Stevensom
★ *Die Schatzinsel*
DM 13,80 (Arena)
DM 18,– (Ellermann)
DM 8,80 (W. Fischer)
DM 14,80 (Loewes)

Twain
★ *Tom Sawyers Abenteuer*
DM 13,80 (Arena)
DM 9,80 (Jugend & Volk)
DM 14,80 (Loewes)
DM 24,- (Ueberreuter)

Bacher, Ingrid
Morgen werde ich fliegen
140 S., ill., geb.
DM 14,80 (Benziger) '79
Der Traum vom Fliegen ergreift eine Stadt. Einige kleinmütige Bewohner setzen alles daran, die neu gewonnene Freiheit zu beschneiden.

Brodmann, Aliana
. . . und du bist ab
112 S., ill. geb.
DM 12,80 (Schaffstein)
Nachkriegsdeutschland, Gabi, 6, ist Jüdin.

Von ihren Eltern hört sie, was der Familie unter Hitler geschehen ist. Hänseleien und Anfeindungen ihrer Schulkameraden begegnet Gabi mit Mut und Optimismus.

Bröger, Achim
Mensch, wär das schön!
128 S., ill., geb.
DM 12,80 (Thienemanns)
Christa und Werner erzählen aus ihrem Alltag, von Eltern und Schule, von ihren Freunden, Enttäuschungen und Hoffnungen.

Carting, Finn
Im Zimmer eines Hauses mitten im Garten
Aus dem Norwegischen
112 S., geb.
DM 16,80 (Sauerländer) '79
Eine behutsame und sensible Geschichte, in der die Hoffnung, Verletzungen und Freuden aufgezeichnet sind, die ein behindertes Kind in all seiner Hilflosigkeit erlebt, auch die Stärken und der Mut, die Kraft der Phantasie, mit der all das bewältigt werden kann.

Donnelly, Elfie
★ *Servus Opa, sagte ich leise*
128 S., ill., geb.
DM 12,80
(Dressler)
Michi ist zehn und erfährt, daß der Opa schwerkrank ist und bald sterben wird. Behutsam wird hier mit dem Tabu der Gesellschaft aufgeräumt, die ungern über Krankheit und Tod spricht – schon gar nicht mit Kindern.

Ecke, Wolfgang
Spionagering Rosa Nelke
253 S., geb.
DM 14,80 (Loewes) '79
10 Detektivgeschichten und 10 Kriminrätsel, Fall für Fall ein Knobelvergnügen.

Glomnes, Marianne/
Kirsch Hans-Christian
Gestern sprach ich noch mit seinem Vater
87 S., ill., geb.
DM 12,80 (O. Maier)
'79
Als Terry eines Tages seinen Freund Jörgen zur Schule abholen will, kommt er nicht. Weil sein Vater gestorben ist. An Krebs . . . Eine behutsame Geschichte, die Kindern zeigt, wie Schmerz allmählich von Erinnerung abgelöst wird. Wie man trotz Trauer weiterleben muß.

Grin, Alexander/
Fährmann, Willi
Das feuerrote Segel
Aus dem Russischen
102 S., ill., geb.
DM 8,80 (Arena)
Assols Traum vom Schiff mit roten Segeln, mit dem ein Prinz sie in sein Reich heimführt, erfüllt sich.

Härtling, Peter
Ben liebt Anna
80 S., ill., geb.
DM 14,80 (Beltz) '79
Ben liebt Anna, ein Aussiedlermädchen, das neu in die Klasse kommt. Und auch Anna hat Ben eine Weile sehr lieb gehabt.

aus „Oma"

Tiere, die uns begegnen *(Ausschnitt)*

Ludmilla Mirus

Die Verfasserin hat für ihre Erzählungen eine Reihe von sehr unterschiedlichen Tieren ausgewählt.
Sven, der Schiffsjunge, rettet durch seine Aufmerksamkeit sechs Elche, die auf einer Eisscholle abgetrieben waren. Diesem Bericht folgt eine interessante Schilderung des Kuckuckslebens, die Geschichte einer Elster und eine eindrucksvolle Darstellung des Staates der roten Waldameisen.
„Die seltsame Löwenjagd" beschäftigt sich mit dem gefräßigen Ameisenlöwen.
In der Erzählung „Der graue Hund" wird die Begegnung eines Buben mit einem hungrigen Wolf geschildert, den der kleine Ingmar für einen grauen Hund gehalten hatte und den er mit Roggenbrötchen füttert.
Im folgenden Bericht erfährst du interessante Dinge über die Delphine.

Schon die alten Römer wußten von der hohen Intelligenz der Delphine zu berichten. Der römische Geschichtsschreiber Plinius erzählt von einer Freundschaft zwischen einem kleinen Mädchen aus Neapel und einem Delphin. Drei Jahre lang war er der liebste Spielgefährte des Kindes. Eines Tages wurde das kleine Mädchen krank und starb. Der Delphin wartete lange Zeit geduldig und kam Tag für Tag zum Strand. Doch als seine Spielgefährtin nicht mehr wiederkehrte, grämte er sich so sehr, daß auch er bald starb. So berichtet Plinius.
In Amerika leben im Zoo von Chikago vier Delphine in einem riesigen Wasserbecken, um das sich stets begeisterte Kinder drängen. Alle wollen den munteren Tieren bei ihren Spielen zusehen. Das große Maul in dem schnabelförmig verlängerten Kopf gibt den Delphinen ein fröhliches Aussehen – es scheint, als lachten sie jeden freundlich an.
Oft geht es im Delphinbecken zu wie im Zirkus. Wenn der Wärter zur Freude der Kinder einen Ball ins Wasser wirft, eilen sogleich alle vier Delphine herbei und wetteifern miteinander, den Ball durch geschickte Kopfbewegungen in ein Korbnetz zu schleudern. Sobald das einem von ihnen gelungen ist, schwimmen sie zufrieden davon.
Doch diese Delphine können auch noch andere Kunststücke, zu denen sie keineswegs besonders dressiert oder genötigt werden müssen. Sie sind so spielfreudig, daß man es ihnen anmerkt, wie sie selber den meisten Spaß an ihren Vorführungen haben. Sie scheinen sich in ihrem begrenzten Wasserbecken richtig zu langweilen, wenn sich niemand mit ihnen abgibt.
Manchmal hängt der Wärter einen Reifen über das Wasserbecken.

Sofort schnellen sie sich in die Luft empor und springen geschickt hindurch. Auch über einen Stab, den er hoch über die Wasseroberfläche hält, springen sie mit Leichtigkeit. Einer von ihnen bringt es dabei zu einem Rekordsprung von zweieinhalb Meter Höhe. Er nimmt dazu wie ein richtiger Hochspringer einen entsprechenden Anlauf im Wasser. Über dem Delphinbecken hängt auch eine große Schiffsglocke. Die verspielten Tiere haben es bald herausbekommen, daß man sie zum Klingen bringen kann. Von Zeit zu Zeit schnellt plötzlich eines von ihnen aus dem Wasser und setzt durch einen Stoß die Glocke so stark in Bewegung, daß sie zum Tönen kommt. Das Glockengeläute scheint den Delphinen besonders zu gefallen, denn sie versuchen immer wieder, den Klang nachzuahmen.

Zum großen Spaß der Zuschauer wirft der Wärter manchmal vier Hüte ins Wasser. Gleich sind die Delphine hinterher und fischen sie so auf, daß sie ihnen richtig auf den Köpfen sitzen. Das hat ihnen der Wärter beigebracht, denn für gewöhnlich wissen Meeresbewohner mit menschlichen Kopfbedeckungen wirklich nichts anzufangen. Den Delphinen von Chikago aber macht das Hütetragen nicht nur des Spieles wegen Spaß, sondern sie wissen, daß jeder von ihnen dafür vom Wärter einen kleinen Fisch bekommt. So schwimmen sie mit den Hüten auf den Köpfen schnell an den Rand des Beckens, um sie abzuliefern.

Doch wehe, wenn sich der Wärter mit der wohlverdienten Belohnung Zeit läßt! Gleich heben sie die Köpfe aus dem Wasser und beginnen vierstimmig laut zu krächzen und zu schimpfen, bis jeder seinen Fisch bekommen hat.

Ihr könnt euch denken, wie da die kleinen Zoo-Besucher jubeln!

In Amerika beschäftigen sich namhafte Zoologen mit der Delphinforschung. Sie haben herausgefunden, daß der Delphin das intelligenteste Säugetier ist, klüger als der Hund und der Schimpanse. Man hat lange Gespräche zwischen Delphinen, die sich in zwitschernden Pfeiflauten miteinander unterhalten, auf Tonbänder aufgenommen. Genaue Untersuchungen ergaben, daß kein anderes Säugetier über eine so ausdrucksreiche Verständigungsmöglichkeit verfügt. Die Zoologen halten es nicht für unmöglich, daß wir uns einmal mit ihnen sprachlich verständigen werden können.

Die Gelehrten stellten auch fest, daß der Delphin alle Eigenschaften besitzt, die ihn wie den Hund zum Freund und Gefährten des Menschen machen können. Vielleicht dauert es gar nicht mehr lange, bis er unser „Wasserhaustier" wird.

In Amerika sind bereits Versuche im Gange, Delphine für Meeresforschungen abzurichten. Man plant, mit ihrer Hilfe die Wracks

gesunkener Schiffe schneller zu finden, sich von ihnen zu seltenen Tieren in der Tiefe des Meeres führen zu lassen, sie zu Boten- und Medikamententrägern von Unterwasserhäusern und Taucherglokken zu den Strandstationen abzurichten und durch sie die gefährlichen Haie von Schwimmern und Tauchern abwehren zu lassen.
Man möchte sie auch zum Rettungsdienst abrichten, denn ihr wunderbarer Orientierungssinn – sie verirren sich niemals in den Weiten des Ozeans! – könnte dabei gute Dienste leisten.
Die Amerikaner denken auch daran, Delphine als Wächter der Seebäder zu verwenden, denn sie würden sicher schneller als der aufmerksamste Badewärter merken, wenn ein Mensch zu ertrinken droht, oder waghalsige Schwimmer sich zu weit ins Meer hinausbegeben.
Was wäre das für ein Spaß für die Kinder, wenn Delphine das Kinderbad bewachen und die leichtsinnigen Schwimmer schnell hinter die Badegrenze zurückjagen würden!
Glaubt ihr nicht auch, daß das lustig wäre?

Tom Sawyer's Abenteuer *(Ausschnitt)*

Mark Twain

Tom Sawyer war alles andere als ein Musterknabe. Er lebte bei seiner Tante Polly, die die Mutterstelle an ihm vertrat. Tom heckte viele Streiche und Schelmereien aus.
Als er die Schule schwänzte und außerdem spät am Abend nach einer Prügelei mit schmutzigen Kleidern durchs Fenster ins Zimmer kletterte, sollte er zur Strafe am Samstag den Zaun streichen.

Der Samstagmorgen war gekommen; die ganze sommerliche Welt war strahlend frisch und bis zum Überströmen vom Leben erfüllt. In jedem Herzen erklang ein Lied, und war das Herz jung, dann drang die Melodie auch über die Lippen. In jedem Gesicht lag Fröhlichkeit und in jedem Schritt federnde Kraft. Die Robinien standen in voller Blüte, und ihr Duft erfüllte die Luft.
Der Cardiff-Hügel, der sich auf der anderen Seite über die kleine Stadt erhob, war mit üppigem Grün bedeckt, und er lag gerade fern genug, um als ein „Gelobtes Land" zu scheinen, träumerisch, ruhevoll und einladend.
Auf dem Bürgersteig erschien Tom mit einem Eimer Weißkalk und einem langstieligen Pinsel. Er besah sich den Zaun, und die Natur verlor ihren frohen Glanz; tiefe Schwermut senkte sich auf sein

Gemüt. Ein dreißig Yard[1] langer, drei Yard hoher Zaun! Das Leben schien ihm hohl und leer und das Dasein nichts als eine Last. Seufzend tauchte er den Pinsel ein und ließ ihn über die oberste Planke gleiten; er wiederholte das Verfahren, und dann noch ein zweites Mal, verglich den unbedeutenden Streifen Tünche mit dem sich weithin erstreckenden Kontinent ungeweißten Zauns und setzte sich entmutigt auf die Verschalung eines Baumes. Aus dem Tor kam mit einem Blecheimer in der Hand Jim herausgehüpft; er sang „Die Frauen von Buffalo". Bisher war es in Toms Augen immer eine scheußliche Arbeit gewesen, Wasser von der Gemeindepumpe zu holen, jetzt aber kam es ihm nicht so vor. Er dachte daran, daß es an der Pumpe ja Gesellschaft gab. Dort warteten ständig Jungen und Mädchen, Neger und Mulatten[2], bis sie an der Reihe waren, ruhten sich währenddessen aus, tauschten Spielsachen miteinander, zankten sich, prügelten sich und tollten herum. Er dachte auch daran, daß Jim, obgleich die Pumpe nur hundertfünfzig Yard entfernt stand, nie vor einer Stunde mit einem Eimer Wasser zurückkehrte, und selbst dann mußte ihn gewöhnlich jemand holen gehen. Tom sagte: „Hör mal, Jim, ich hol das Wasser, wenn du ein bißchen streichst."

Jim schüttelte den Kopf und antwortete: „Geht nicht, Master Tom. Die alte Missis, die hat gesagt, ich soll Wasser holen gehn und nicht stehnbleiben und mit niemand keine Dummheiten nicht machen. Hat erklärt, sie nimmt an, Master Tom würd mir auftragen, ich soll Zaun streichen, und sie hat gesagt, ich soll weitergehen und mich um meine eignen Angelegenheiten kümmern – um das Streichen würd sie sich kümmern."

„Ach, scher dich doch nicht um das, was sie gesagt hat, Jim. So redet sie doch immer. Gib mir mal den Eimer – ich bleib nicht mal 'ne Minute weg. *Sie* wird's doch nicht merken."

„Oh, ich trau mich nicht, Master Tom. Die alte Missis, die nimmt mich bestimmt und reißt mir den Kopf ab. Das macht sie, ganz sicher."

„Die! Die haut doch nie jemand – bumst einen ein bißchen mit dem Fingerhut auf den Kopf, und wen stört das, möcht ich wissen? Sie schimpft ja schrecklich, aber Schimpfen tut nicht weh – wenigstens nicht, wenn sie nicht weint. Jim, ich geb dir eine Murmel. Eine weiße Glaskugel geb ich dir!"

Jim wurde schwankend.

„Eine weiße Glaskugel, Jim, und die läuft scharf!"

[1] Yard: angelsächsisches Längenmaß (91,44 cm)
[2] Mulatte: Mischling zwischen Schwarzen und Weißen

„Ach, ist das eine prima Murmel, muß ich sagen. Aber, Master Tom, ich hab Angst vor der alten Missis."

Jim war jedoch nur ein Mensch – die Anziehungskraft dieses Stücks war zu groß. Er setzte den Eimer ab und nahm die weiße Glaskugel. In der nächsten Minute flog er mit dem Eimer und einem prickelnden Hintern die Straße hinunter; Tom strich, was das Zeug hielt, und Tante Polly zog sich, einen Pantoffel in der Hand und Triumph im Blick, vom Felde zurück.

Toms Energie hielt jedoch nicht an. Ihm fielen die vergnüglichen Dinge ein, die er für heute geplant hatte, und sein Kummer vervielfachte sich. Bald mußten die Jungen, die frei waren, auf allen möglichen herrlichen Expeditionen hier vorbeigesprungen kommen, und sie würden ihn furchtbar auslachen, weil er arbeiten mußte – schon der Gedanke daran brannte wie Feuer. Er holte seine weltlichen Schätze hervor und betrachtete sie – Teile von Spielsachen, Murmeln und allerlei Plunder, genug, um vielleicht einen Arbeitstausch zu erkaufen, aber nicht genug, um auch nur eine halbe Stunde wahrer Freiheit zu erhandeln. So steckte er seine beschränkten Mittel wieder in die Tasche und gab den Gedanken an den Versuch auf, die Jungen zu kaufen. In diesem düsteren, hoffnungslosen Augenblick durchfuhr ihn eine Eingebung. Nicht mehr und nicht weniger als eine grandiose, fabelhafte Eingebung. Er nahm seinen Pinsel zur Hand und begab sich ruhig an die Arbeit. Kurze Zeit darauf kam Ben Rogers in Sicht, genau der Junge, vor dessen Spott er sich am meisten gefürchtet hatte. Bens Gang war ein einziges Hüpfen, Tanzen und Springen – Beweis genug, daß sein Herz leicht und voll hochgespannter Erwartungen war. Er aß einen Apfel und stieß in regelmäßigen Abständen ein langes, melodisches Heulen aus, dem ein tieftönendes Bim-bam-bam, Bim-bam-bam folgte, denn er stellte einen Dampfer dar. Als er heranzog, drosselte er die Geschwindigkeit, hielt sich in der Straßenmitte, lehnte sich weit nach steuerbord[3] über und drehte gemessen, umständlich und mit großem Aufwand bei, denn er verkörperte den Dampfer „Big Missouri" und war sich bewußt, neun Fuß Tiefgang zu haben. Er war Dampfer, Kapitän und Schiffsglocke in einem, und so mußte er sich einbilden, er stehe auf seinem eigenen Hurrikandeck, erteile Befehle und führe sie auch aus.

„Stop, Sir! Bim-bim-bim." Die Vorwärtsbewegung hörte fast gänzlich auf, und er steuerte langsam den Bürgersteig an. „Maschine volle Kraft rückwärts! Bim-bim-bim! Tschuk-tsch-tschuk-tschuk-tschuk!" Seine rechte Hand beschrieb stattliche Kreise, denn sie

[3] Steuerbord: rechte Schiffsseite in Fahrtrichtung

stellte ein vierzig Fuß hohes Schaufelrad dar. „Backbord[4] achteraus[5]! Bim-bim-bim! Tschuk-tsch-tschuk-tschuk!" Nun begann die linke Hand Kreise zu beschreiben.

„Steuerbord stop! Bim-bim-bim! Backbord stop! Steuerbord langsame Fahrt voraus! Stop! Das äußere Rad langsame Fahrt! Bim-bim-bim! Tschuk-uk-uk! Bugleine[6] heraus! Los jetzt! Kommt – raus mit dem Spanntau – was macht ihr denn da? Vertäut doch das Doppelpart über den Poller[7]. Ran an die Landungsbrücke jetzt – los! Alle Maschinen stop jetzt, Sir! Bim-bim-bim!"

„Scht! Scht! Scht!" (Ausprobieren der Dampfhähne).

Tom tünchte weiter – er kümmerte sich nicht um den Dampfer. Ben starrte ihn einen Augenblick an und sagte dann:

„Heda! Du steckst in der Patsche, was?"

Keine Antwort. Mit dem Auge des Künstlers begutachtete Tom seinen letzten Strich; dann fuhr sein Pinsel noch einmal mit leichtem Schwung darüber hinweg, und er begutachtete das Ergebnis von neuem. Ben bezog neben ihm Stellung. Beim Anblick des Apfels lief Tom das Wasser im Munde zusammen, er blieb jedoch bei seiner Arbeit. Da sagte Ben: „Hallo, alter Junge; mußt arbeiten, was?"

„Ach, du bist's, Ben. Hab's gar nicht gemerkt."

„Ich geh schwimmen, hörst du? Würdest du nicht auch lieber mitkommen? Aber natürlich, du möchtest lieber schuften, nicht wahr?"

Tom betrachtete den Jungen ein Weilchen und fragte dann: „Was nennst du denn Arbeit?"

„Na, ist das vielleicht keine Arbeit?"

Tom machte sich wieder ans Tünchen und meinte gleichgültig: „Na, vielleicht, vielleicht auch nicht. Ich weiß nur eins: Tom Sawyer gefällt's."

„Ach, geh doch, du willst mir doch nicht etwa einreden, daß es dir Spaß macht?"

Der Pinsel fuhr weiter.

„Ob's mir Spaß macht? Na, ich wüßte nicht, weshalb es mir keinen Spaß machen sollte. Bekommt ein Junge vielleicht jeden Tag einen Zaun zu streichen?"

Das ließ die Sache in neuem Licht erscheinen. Ben hörte auf, an seinem Apfel zu knabbern. Tom schwang seinen Pinsel mit behutsamer Eleganz hin und her – trat dann zurück, um die Wirkung

[4] Backbord: linke Schiffsseite in Fahrtrichtung
[5] achteraus: nach hinten
[6] Bugleine: Bug = Spitze des Schiffes
[7] Poller: Pfosten zum Befestigen von Tauen

festzustellen – setzte hier und da noch einen Tupfer hinzu – kritisierte die Wirkung von neuem, während Ben jede seiner Bewegungen beobachtete und ihn die Sache immer mehr interessierte, immer stärker fesselte. Nach einer Weile sagte er: „Du, Tom, laß mich auch mal ein bißchen streichen."

Tom dachte nach, war schon drauf und dran zuzustimmen, überlegte sich's dann aber wieder anders: „Nein, nein, geht nicht, Ben. Schau, Tante Polly nimmt's arg genau mit dem Zaun hier, er steht ja direkt an der Straße –, wenn's der hinten wär, mir würde es nicht drauf ankommen und ihr auch nicht. Ja, arg genau nimmt sie's mit dem Zaun hier, ganz sorgfältig muß der gestrichen werden; ich glaube, kaum einer von tausend Jungen ist imstande, es so zu machen, wie es sich gehört – vielleicht nicht mal einer von zweitausend."

„Tatsächlich? Ach, komm schon! Laß mich bloß mal versuchen, bloß ein kleines bißchen. An deiner Stelle würd ich dich lassen, Tom."

„Ben, ich würd's ja gerne tun, aber Tante Polly – weißt du, Jim wollte, und sie hat ihn nicht gelassen. Sid wollte auch, und sie hat ihn auch nicht gelassen. Siehst du nicht, wie ich in der Klemme sitze? Wenn du dich dranmachst und es passiert was damit . . ."

„Ach, Quatsch; ich mach's genauso vorsichtig. Komm, laß mich mal versuchen. Ich geb dir ein Stück von meinem Apfel, ja?"

„Nun – ach, Ben, lieber nicht, ich hab Angst . . ."

„Ich laß dir den ganzen!"

Tom gab den Pinsel her, Widerstreben im Antlitz, aber frohe Bereitwilligkeit im Herzen. Und während der vormalige Dampfer „Big Missouri" in der Sonne arbeitete und schwitzte, ließ sich der in den Ruhestand getretene Künstler daneben im Schatten auf einem Faß nieder, baumelte mit den Beinen, verdrückte den Apfel und schmiedete Pläne, wie er noch weitere Unschuldige zur Strecke bringen könnte. An Material mangelte es nicht, immer wieder schlenderten Jungen vorbei; sie kamen, um zu spotten, und blieben, um zu weißeln. Als Ben abgekämpft war, hatte Tom bereits die nächste Gelegenheit, sich zu beteiligen, für einen gut erhaltenen Drachen an Billy Fisher verhandelt, und als der verschnaufen mußte, kaufte sich Johnny Miller ein mit einer toten Ratte samt einer Schnur, mit der man sie herumschwingen konnte; so ging es weiter und immer weiter, Stunde um Stunde. Und als der Nachmittag zur Hälfte vorüber war, da war aus dem am Morgen noch armen Tom ein Junge geworden, der sich buchstäblich in Reichtum wälzte. Neben den Dingen, die ich bereits erwähnt habe, besaß er zwölf Murmeln, ein Stück von einer Mundharmonika, einen Scherben blaues Flaschenglas, durch den man hindurchschauen konnte, einen Revolver, einen Schlüssel, der nichts aufschloß, ein Stück Kreide, einen Glasstöpsel von einer Karaffe, einen Zinnsoldaten, zwei Kaulquappen, sechs Knallfrösche, ein einäugiges Kätzchen, einen Türgriff aus Messing, ein Hundehalsband – aber keinen Hund –, einen Messergriff, vier Orangenschalen und einen verrotteten alten Fensterrahmen. Die ganze Zeit über hatte er hübsch behaglich gefaulenzt und eine Menge Gesellschaft gehabt – und den Zaun bedeckte eine dreifache Schicht Farbe! Wäre Tom nicht der Weißkalk ausgegangen, so hätte er sämtliche Jungen des Ortes bankrott gemacht.

Emil und die Detektive *(Ausschnitt)*

Erich Kästner

Als Emil mit dem Zug nach Berlin zu seiner Großmutter und zu seiner Kusine Pony Hütchen fährt, werden ihm 140 DM gestohlen. Nach Emils Meinung kann nur der Herr mit steifem Hut der Dieb gewesen sein.
Der Junge nimmt zusammen mit einer Schar Berliner Kinder die Verfolgung auf. Die Anführer der Kinder sind Gustav, der Junge mit der Hupe und der „Professor" (er trägt eine Brille und ist sehr klug).

Stecknadeln haben auch ihr Gutes

Als Gustav und der Professor die Bank betraten, stand der Mann im steifen Hut bereits an einem Schalter, an dem ein Schild mit der Aufschrift „Ein- und Auszahlungen" hing, und wartete ungeduldig, daß er an die Reihe käme. Der Bankbeamte telefonierte.
Der Professor stellte sich neben den Dieb und paßte wie ein Schießhund auf. Gustav blieb hinter dem Mann stehen und hielt die Hand, zum Hupen fertig, in der Hosentasche.
Dann kam der Kassierer an den Schalter und fragte den Professor, was er wolle.
„Bitte sehr", sagte der, „der Herr war vor mir da."
„Sie wünschen?" fragte der Kassierer nun Herrn Grundeis.
„Wollen Sie mir, bitte schön, einen Hundertmarkschein in zwei Fünfziger umtauschen und für vierzig Mark Silber geben?" fragte dieser, griff sich in die Tasche und legte einen Hundertmarkschein und zwei Zwanzigmarkscheine auf den Tisch.
Der Kassierer nahm die drei Scheine und ging damit zum Geldschrank.
„Einen Moment!" rief da der Professor laut, „das Geld ist gestohlen!"

„Waaas?" fragte der Bankbeamte erschrocken, drehte sich um; seine Kollegen, die in den anderen Abteilungen saßen und kopfrechneten, hörten auf zu arbeiten und fuhren hoch, als hätte sie eine Schlange gebissen.
„Das Geld gehört gar nicht dem Herrn. Er hat es einem Freund von mir gestohlen und will es nur umtauschen, damit man ihm nichts nachweisen kann", erklärte der Professor.

„So was von Frechheit ist mir in meinem ganzen Leben noch nicht vorgekommen", sagte Herr Grundeis, fuhr, zum Kassierer gewandt, fort: „Entschuldigen Sie!" und gab dem Professor eine schallende Ohrfeige.
„Dadurch wird die Sache auch nicht anders", meinte der Professor und landete bei Grundeis einen Magenstoß, daß der Mann sich am Tisch festhalten mußte. Und jetzt hupte Gustav dreimal entsetzlich laut. Die Bankbeamten sprangen auf und liefen neugierig nach dem Kassenschalter. Der Herr Depositenkassenvorsteher stürzte zornig aus seinem Zimmer.
Und – durch die Tür kamen zehn Jungen gerannt, Emil allen voran, und umringten den Mann mit dem steifen Hut.
„Was, zum Donnerkiel, ist denn mit den Bengels los?" schrie der Vorsteher.
„Die Lausejungen behaupten, ich hätte einem von ihnen das Geld gestohlen, das ich eben Ihrem Kassierer zum Wechseln einzahlte", erzählte Herr Grundeis und zitterte vor Ärger.
„So ist es auch!" rief Emil und sprang an den Schalter. „Einen Hundertmarkschein und zwei Zwanzigmarkscheine hat er mir gestohlen. Gestern nachmittag. Im Zug, der von Neustadt nach Berlin fuhr! Während ich schlief."
„Ja, kannst du das denn auch beweisen?" fragte der Kassierer streng.
„Ich bin seit einer Woche in Berlin und war gestern von früh bis abends in der Stadt", sagte der Dieb und lächelte höflich.
„So ein verdammter Lügner!" schrie Emil und weinte fast vor Wut.
„Kannst du denn nachweisen, daß dieser Herr hier der Mann ist, mit dem du im Zuge saßt?" fragte der Vorsteher.
„Das kann er natürlich nicht", meinte der Dieb nachlässig.
„Denn wenn du allein mit ihm im Zug gesessen haben willst, hast du doch keinen einzigen Zeugen", bemerkte einer der Angestellten.
Und Emils Kameraden machten betroffene Gesichter.
„Doch!" rief Emil, „doch! Ich hab doch einen Zeugen! Er heißt Frau Jakob aus Groß-Grünau. Sie saß erst mit im Abteil. Und stieg

später aus. Und sie trug mir auf, Herrn Kurzhals in Neustadt herzlich von ihr zu grüßen!"

„Es scheint, Sie werden ein Alibi erbringen müssen", sagte der Depositenkassenvorsteher zu dem Dieb. „Können Sie das?"

„Selbstverständlich", erklärte der. „Ich wohne drüben im Hotel Kreid ..."

„Aber erst seit gestern abend", rief Gustav. „Ich hab mich dort als Liftboy eingeschlichen und weiß Bescheid, Mensch!"

Die Bankbeamten lächelten ein wenig und gewannen an den Jungen Interesse.

„Wir werden das Geld am besten vorläufig hierbehalten, Herr ..." sagte der Vorsteher und riß sich von einem Block einen Zettel ab, um Namen und Adresse zu notieren. „Grundeis heißt er!" rief Emil.

Der Mann im steifen Hut lachte laut und sagte: „Da sehen Sie, daß es sich um eine Verwechslung handeln muß. Ich heiße Müller."

„Oh, wie gemein er lügt! Mir hat er im Zug erzählt, daß er Grundeis heißt", schrie Emil wütend.

„Haben Sie Ausweispapiere?" fragte der Kassierer.

„Leider nicht bei mir", sagte der Dieb. „Aber wenn Sie einen Augenblick warten wollen, so hole ich sie aus dem Hotel herüber."

„Der Kerl lügt fortwährend! Und es ist mein Geld. Und ich muß es wiederhaben", rief Emil.

„Ja, sogar wenn's wahr wäre, mein Junge", erklärte der Kassierer, „so einfach geht das nicht! Wie kannst du denn beweisen, daß es dein Geld ist? Steht vielleicht dein Name drauf? Oder hast du dir etwa die Nummern gemerkt?"

„Natürlich nicht", sagte Emil. „Denkt man denn, daß man beklaut wird? Aber es ist trotzdem mein Geld, hören Sie? Und meine Mutter hat es mir für die Großmutter, die hier in der Schumannstraße 15 wohnt, mitgegeben."

„War an einem der Scheine eine Ecke abgerissen oder war sonst etwas nicht in Ordnung?"

„Nein, ich weiß nicht."

„Also, meine Herren, ich erkläre Ihnen auf Ehrenwort: das Geld gehört wirklich mir. Ich werde doch nicht kleine Kinder ausrauben!" behauptete der Dieb.

„Halt!" schrie Emil plötzlich und sprang in die Luft, so leicht war ihm mit einem Male geworden. „Halt! Ich habe mir im Zug das Geld mit einer Stecknadel ins Jackett gesteckt. Und deshalb müssen Nadelstiche in den drei Scheinen zu sehen sein!"

Der Kassierer hielt das Geld gegen das Licht. Den anderen stockte

der Atem. Der Dieb trat einen Schritt zurück. Der Bankvorsteher trommelte nervös auf dem Tisch herum.
„Der Junge hat recht", schrie der Kassierer, blaß vor Erregung. „In den Scheinen sind tatsächlich Nadelstiche!"
„Und hier ist auch die Nadel dazu", sagte Emil und legte die Stecknadel stolz auf den Tisch. „Gestochen habe ich mich auch."
Da drehte sich der Dieb blitzschnell um, stieß die Jungen links und rechts zur Seite, daß sie hinfielen, rannte durch den Raum, riß die Tür auf und war weg.
„Ihm nach!" schrie der Bankvorsteher.
Alles lief nach der Tür.
Als man auf die Straße kam, war der Dieb schon von mindestens zwanzig Jungen umklammert. Sie hielten ihn an den Beinen. Sie hingen an seinen Armen. Sie zerrten an seinem Jackett. Er ruderte wie verrückt. Aber die Jungen ließen nicht locker.
Und dann kam auch schon ein Schupo[1] im Dauerlauf daher, den Pony Hütchen mit ihrem kleinen Rade geholt hatte. Und der Bankvorsteher forderte ihn ernst auf, den Mann, der sowohl Grundeis wie auch Müller hieße, festzunehmen. Denn er sei, wahrscheinlich, ein Eisenbahndieb.
Der Kassierer nahm sich Urlaub, holte das Geld und die Stecknadel und ging mit. Na, es war ein toller Aufzug! Der Schutzmann, der Bankbeamte, der Dieb in der Mitte, und hinterher neunzig bis hundert Kinder! So zogen sie zur Wache.
Pony Hütchen fuhr auf ihrem kleinen vernickelten Fahrrade nebenher, nickte dem glücklichen Vetter Emil zu und rief: „Emil, mein Junge! Ich fahre rasch nach Hause und erzähle das ganze Theater."
Der Junge nickte zurück und sagte: „Zum Mittagessen bin ich zu Hause! Grüße schön!"
Pony Hütchen rief noch: „Wißt ihr, wie ihr ausseht? Wie ein großer Schulausflug!" Dann bog sie, heftig klingelnd, um die Ecke.

[1] Schupo: Abkürzung für Schutzpolizei

Kinder auf vielerlei Wegen *(Ausschnitt)*

Marina Thudichum

FRANZISKA

Franziska geht die Treppen hinunter. In der linken Hand trägt sie eine kleine Basttasche und einen Strauß Kornblumen. An der rechten führt sie den kleinen Bruder. Zwischen Erdgeschoß und erstem Stock bearbeitet die Hausmeisterin das Stiegengeländer mit dem Staubtuch.

„Geht ihr ins Krankenhaus?" fragt sie.

„Ja", antwortet Franziska.

„Sagt der Mutter einen schönen Gruß von mir."

„Danke", erwidert Franziska und hilft dem Bruder über die letzten Stufen. Dann sind sie auf der Straße.

Der Kleine ist quengelig. Franziska hat ihn aus dem Mittagsschlaf geweckt, damit sie rechtzeitig im Krankenhaus sind. Er will allein gehen, er macht alle möglichen Verrenkungen, um von Franziskas Hand loszukommen. Schließlich fängt er zu schluchzen an: „Laß mich aus! Laß mich aus!" –

„Aber Hansi!" Franziska beugt sich zu ihm herunter. „Das geht doch nicht, Hansi! Du mußt dich führen lassen auf der Straße. Sei jetzt lieb! Wir müssen ganz schnell gehen, die Mutter wartet auf uns!"

„Trag mich!" schluchzt der Kleine.

„Ich kann dich nicht tragen, Hansi, ich hab' die Tasche und die Blumen und du bist auch viel zu schwer. Schau, da kommt eine Taube, die lacht dich aus!"

„Die lacht gar nicht", sagt Hansi trotzig. Aber er ergibt sich in sein Schicksal und trottet weiter.

Hoffentlich, denkt Franziska, hoffentlich hat uns Tante Else nicht nachgeschaut. Sonst erzählt sie Vater wieder beim Abendessen, daß Hansi geweint hat. „Er ist schon ganz und gar nicht erzogen", sagt sie dann. „Er wäre ja wahrhaftig schon groß genug, um ordentlich zu gehen. Und du, Franziska, stellst dich ja auch denkbar ungeschickt an mit ihm. Es ist halt ein Kreuz, wenn eine Frau immerzu krank ist und sich nicht richtig um ihre Kinder kümmern kann." Franziska möchte sich am liebsten mitten auf der Straße die Ohren zuhalten, so deutlich hört sie die harte, eintönige Stimme. Und sie möchte dieser Stimme am liebsten sagen: „Sei still – sei bitte still! Die Mutter kann doch nichts dafür, daß sie krank ist. Es ist doch traurig genug!" Aber so etwas darf man höchstens ganz heimlich denken, wenn man kaum zehn Jahre alt ist und vom Vater täglich

zu hören bekommt, wie dankbar sie Tante Else alle sein müssen, daß sie den Haushalt versorgt.
Tante Else ist die Schwester von Vater. Sie ist unglaublich tüchtig. Seit Mutter im Krankenhaus ist – und das sind jetzt bald vier Wochen – hat sie allerlei in der Wohnung geändert. Der Küchenkasten steht anders, die Bilder sind umgehängt, über dem Sofa liegt eine Schondecke. Und immerzu fragt sie mit ihrer harten Stimme: „Es ist doch viel besser so?"
Der Vater nickt, aber Franziska nickt nicht. Nein. Sie findet es ganz und gar nicht besser! . . .
„Grüß dich, Franziska! Geht ihr ins Krankenhaus?" Franziska zuckt zusammen! Vor ihr steht Ulrike, die Schulfreundin. Sie hat ihre neuen Rollschuhe an und bemüht sich lachend um das nötige Gleichgewicht.
„Ja, wir gehen ins Krankenhaus", antwortet Franziska leise.
Ulrike hört auf zu lachen. „Ich – ich wünsche deiner Mutter gute Besserung", stottert sie verlegen.
„Danke." Franziska geht eilig weiter und zieht den kleinen Bruder hinter sich her. Ulrike soll nicht sehen, daß ihr die Tränen kommen. Ulrike hat es gut. Ihr Vater ist lustig und ihre Mutter ist gesund und neue Rollschuhe hat sie auch.
Franziska will gar keine neuen Rollschuhe. Sie will ganz zufrieden und bescheiden sein, folgen, den Herd blank putzen, lose Knöpfe annähen, kein bißchen schwindeln und naschen, wenn nur die Mutter . . .
Franziska spürt einen Ruck an der Hand. Und gleich darauf ertönt schmerzliches Gebrüll. Hansi ist gestolpert und hingefallen. Franziska hebt ihn auf und putzt ihm den Staub von den Hosen. Sie tröstet und streichelt und wischt die kollernden Tränen ab.
Eine Frau bleibt stehen und schüttelt den Kopf. „Du könntest auch besser aufpassen", sagt sie. Franziska gibt keine Antwort. Sie führt den noch leise schluchzenden Hansi um die Häuserecke und geht mit ihm in der Menge der Besucher durch das große Eingangstor des Krankenhauses.

spiel mit – denk nach

Was sich Kinder wünschen

1979 ist das „Jahr des Kindes". In vielen Städten und Gemeinden werden Veranstaltungen für Kinder durchgeführt. Sie stehen unter neun verschiedenen Themen. Erkennt ihr, welches Thema zu welchem Bild-Zeichen gehört? – Schreibt die Buchstaben in die Kästchen. Von oben nach unten gelesen, ergibt sich ein Wort für etwas, was Kinder sich wünschen. Das ist die Lösung. Ihr könnt sie auch malen.

Viel Spiel- und Denkspaß wünscht euch

euer Rätseldoktor *Hans Gärtner*

- ☐ Kinderspiele
- ☐ Kinder entdecken Geschichte
- ☐ Zukunftsträume
- ☐ Kinder wollen friedlich leben
- ☐ Mädchen – Jungen
- ☐ Ausländische Kinder-andere Kinder?
- ☐ Kinder und Liebe
- ☐ Kleine Menschen – große Menschen
- ☐ Kinder und Technik

Lösung des Rätsels aus dem Juniheft: **Acht (8) Fenster wurden verändert**

Wer in einem Kalendervierteljahr drei richtige Lösungen einschickt, kann ein schönes Buch gewinnen.
Es werden jeweils sieben Gewinner ausgelost.
Bitte bei Einsendung der Lösungen das Alter angeben;
Lösungen bitte immer direkt an:
Marina Thudichum, Holzbrünnlstraße 8, 8051 Haag/Amper.

KINDERBUCHAUTOREN

Foto: Historia

Die Brüder Grimm

Eigentlich ist der Titel falsch: Denn Kinderbuchautoren wollten die Brüder Grimm gar nicht sein. Die beiden Brüder, Jacob und Wilhelm, 1785 und 1786 geboren und um die Mitte des vorigen Jahrhunderts gestorben, waren Gelehrte, Professoren, zuerst in Göttingen, dann in Berlin. Sie wurden berühmt – und sind es noch heute – für ihre Sammlung von „Kinder- und Hausmärchen", die lange Zeit zu den wichtigsten und meistgelesensten Kinderbüchern gehört haben.

„Das Märchenbuch ist mir daher gar nicht für Kinder geschrieben, aber es kommt ihnen recht erwünscht und das freut mich sehr", schrieb Jacob Grimm nach Erscheinen des ersten Sammelbandes 1813. Das bedeutet, daß er überzeugt war, daß Kinder die alten, nur durch mündliche Erzählungen über Jahrhunderte bekanntgebliebenen Volksgeschichten sehr gut verstehen konnten. Die Brüder waren auch davon überzeugt, daß gerade Kinder Märchenhaftes gut verstehen könnten und sie wollten, daß Kinder durch die von ihnen aufgeschriebenen Geschichten einer lebendigen deutschen Sprache begegneten (und daraus lernten). Wilhelm Grimm hat im Laufe seines Lebens die Märchensammlung mehr und mehr für Kinder umgeschrieben, vereinfacht – und viele Grausamkeiten und Schwierigkeiten weggelassen. Grimms Märchen waren Bücher für die Kinderstuben der guten Bürger des vorigen Jahrhunderts. Und sie wurden bald auch in vielen Schullesebüchern nachgedruckt.

In Erziehungsbüchern (für Lehrer) aus früheren Jahrhunderten kann man allerdings heute noch nachlesen, daß Märchen durchaus nicht für alle Kinder da sein sollten. Zum Beispiel nicht für die Kinder der Armen. Da steht: „Die Märchenwelt muß den Kindern der Armen verschlossen bleiben; sie dürfen sich nicht nach wohltätigen Feen sehnen, nicht nach den Gaben des Zauberstabes, nicht nach Gold- und Silberpalästen. Kinder von Armen sollten keine Bücher lesen, die sie mit ihrem eigenen Leben unzufrieden machten!" So groß schätzte man damals die Macht der Märchen ein!

Schüler schreiben an

Leserbriefe

Ich finde „treff" ganz toll: Kniepel, Krimskrams und vor allem das „treff"-Thema und „Eure Seiten", überhaupt, wie gesagt, alles ist toll – bis auf zwei Dinge: Ihr könnt die Werbung weglassen, und ihr könntet mal irgendwelche technischen Poster bringen!
Tillman Hirsch, Taunusblick 6, 6365 Rosbach.

★

Gut finde ich an „treff", daß man eigene Beiträge an „treff" schreiben darf, auch die Sorgenbriefe und das auf der letzten Seite. Die Tierposter sind auch Klasse!
Jürgen Morlock, Friedrichstr. 93, 7512 Rheinstetten-Fo.

Jugendzeitschriften

Flohmarkt

Sammle Briefmarken aus den Niederlanden und der DDR. Schicke die gleiche Anzahl zurück!
Andreas Schünemann, Maasen, 53, 2839 Mellinghausen..

★

Aufgepaßt! Suche alte und neue, hübsch bemalte Blechdosen. Gebe dafür: Comics, Schallplatten, Bücher usw.
Susanne Hirner, Am Hamg 9, 8871 Denzingen.

★

Wer schickt mir Material über Mercedes Benz (Poster, Prospekte usw.)?
Carsten Steinborn, Pilgrimstein 33, 3550 Marburg.

★

Brieffreundschaften

Suche 12- bis 13jährige(n) Brieffreund(in). Ich (12) habe die Hobbys: Schwimmen, Lesen, Tiere, Tanzen, Sport. (Foto mitschicken!)
Claudia Preuß, Kieferweg 10, 8376 Teisnach/Bay: rischer Wald.

★

Meine Urgroßmutter, die im Altersheim lebt, kann nicht mehr reisen! Vielleicht könnt ihr ihr mal eine Ansichtskarte aus eurem Ort oder sogar eine Geschichte schreiben? Schreibt an:
Frau Luise Dose, Charles-Ross-Ring 93, 2300 Kiel.

★

Ich bin 11 Jahre alt und suche eine Brieffreundin!
Inga Schlotfeldt, Deelsweg, 2271 Goting/Föhr.

Gebrauchstexte und Informationsmittel

142

• ZEITSCHRIFTEN • SÜSSWAREN • TABAKWAREN •
HIER EVAG
30
Rätsel Comic
Brigitte
PHOTO
Hürriyet
Tercüman
Alkohol
DIE ZEIT
BAYERNKURIER
DIE WELT
National-Zeitung
stern
Heidi
DIE SPINNE
Silber Western

Torsten liest die Zeitung – immer mit der Schere

Werner Kirst

Hier erfährst Du, was ein Archiv ist und wie wertvoll es sein kann:

Torsten ist ein verrückter Radfahrer. Und ein Bastler. Er hat sich selbst ein Rennfahrrad mit zwölf (zwölf!!) Gängen zusammengespart, und zweimal in der Woche trainiert er auf einer einsamen Allee. Radfahren und alles, was damit zusammenhängt, ist Torstens großes Hobby. Und was Torsten macht, das macht er eben perfekt.

„Ich habe mir vor zwei Jahren schon ein Archiv zugelegt. Damals bestand es aus fünf Pappdeckeln mit Zeitungsausschnitten. Heute habe ich eine ganze Regalwand voll mit Ordnern. Ich habe sämtliche aktiven Radfahrer seit Beginn des Radsports gesammelt. Also die Radfahrer liegen natürlich nicht persönlich in meinem Regal, sondern ich habe Bilder von ihnen, sämtliche Rennergebnisse, ihre Lebensläufe und genaue Angaben, welche Räder sie fahren und welche Techniken sie haben." Torsten hat sich spezialisiert, und wenn er irgend etwas von seinen Idolen wissen möchte, braucht er nur die entsprechende Mappe herauszusuchen. Alle Mappen sind nach Stichworten alphabetisch geordnet, und natürlich hat sich Torsten auch eine Liste mit allen Stichworten geschrieben. So weiß er auf einen Blick, wo er suchen muß. Du brauchst nicht – wie Torsten – ein Hobby zu haben, um dir ein Archiv anzulegen.

Überlege dir einmal, was dich besonders interessiert, was du am liebsten liest. Sind es Reiseberichte? Dann sammle doch alle Artikel, die etwas über fremde Länder erzählen. Wie achtlos wirft jeder eine Zeitung von gestern weg. Das ist sehr schade, denn wie viele Dinge, die ihre Gültigkeit nicht verlieren, werden damit weggeworfen. In einem Archiv werden sie gerettet. Plötzlich bekommt der Artikel über die vergessenen Buschvölker im Urwald einen Wert. Vielleicht liebst du Pferde? Oder ein anderes Tier? Mit einem Archiv kannst du ein Spezialist und ein unschlagbarer Kenner auf dem Gebiet werden. Wenn du dich erst einmal für ein Gebiet entschieden hast, weißt du auch sehr schnell, unter welchen Gesichtspunkten du am besten alle Ausschnitte registrierst. Das Phantastische an einem Archiv, das wirklich sehr wertvoll (auch für die Schule) sein kann, ist ja, daß es nichts, aber auch nichts kostet. Alte Zeitungen und Zeitschriften hat jeder, schenkt dir jeder, wenn du selbst nicht genügend zu Hause hast.

Auf alle Ausschnitte solltest du aber schreiben, aus welcher Zeitung und von welchem Datum sie sind. Du kannst auch erst einmal wild darauflosschneiden, alles in einen Karton werfen und dir dann ein System überlegen, wie du alles am besten sortierst.

Vom Umgang mit Briefmarken

Hans Reichardt

Hobbys kosten Geld. Foto-Amateure brauchen eine teure Foto-Ausrüstung, Skiläufer müssen Skistiefel und Skier kaufen, Klavierspieler müssen mindestens 1000 Mark ausgeben, um ein Klavier zu kaufen. Briefmarkensammler haben es besser. Schon mit ein paar Mark können sie eine hübsche Sammlung aufbauen.

Einsteckbuch oder Album?

Als erstes braucht der Sammler ein Album. Für den Anfang reicht ein billiges Einsteckalbum. Wenn man sich für ein bestimmtes Sammelgebiet entschlossen hat, wird man meist zu einem richtigen Album übergehen. Am billigsten und interessantesten ist es, sich selbst ein Album herzustellen. Man kauft sich eine Klemmmappe und leere feste Blätter aus steifem Papier. Die Anordnung der Marken auf jeder Albumseite gestaltet der Sammler nach eigenem Geschmack. Wer die Mühe nicht scheut, läßt sein Album „sprechen". Sprechende Alben nennt man Sammlungen, in denen neben jeder Marke kurze Angaben über Ausgabedatum, Auflagenhöhe und Anlaß der Herausgabe der Marke verzeichnet sind.
Die meisten Sammler haben Vordruckalben. In diesen ist die sinnvolle Anordnung der Marken bereits von hervorragenden Grafikern besorgt. Die Markenfelder sind umrahmt, in den Markenfeldern sind Wert, Farbe und eventuell auch die Katalognummer der betreffenden Marke verzeichnet. Von jedem Satz ist eine Marke abgebildet ...

Wie liest man einen Briefmarkenkatalog?

Unentbehrlich für jeden ernsthaften Sammler ist ein Briefmarkenkatalog. In der Bundesrepublik gibt es Deutschland-Kataloge, Europa-Kataloge (mit allen europäischen Ländern außer Deutschland), sowie Kataloge für die beliebtesten Sammelmotive (Europa, Luftpost und so weiter). In den Katalogen sind die Marken des jeweiligen Sammelgebiets lückenlos verzeichnet, dazu Abbildungen der Marken, Auflagenhöhen, Angaben über die Herstellungsart und den Herstellungsanlaß und die Preise. In der ersten Spalte stehen die Preise für postfrische, in der zweiten Spalte die für gestempelte Marken. Bei Marken von vor 1900 gelten die Preise in der ersten Spalte meist für „ungebraucht mit Falz".

In Deutschland gibt es mehrere Kataloge. Die meisten werden von großen Briefmarkenfirmen herausgebracht, die Kataloge sind gleichzeitig eine Angebotsliste.

Nur der „Michel"-Katalog wird von einem Verlag gedruckt, der nicht selbst mit Briefmarken handelt. Er gilt daher als der „offizielle" Katalog. Kauf, Verkauf und Tausch in Briefmarkenvereinen wird meist auf „Michel"-Basis abgewickelt. Alle Kataloge erscheinen jedes Jahr neu und nennen die neuen Preise. In der Schweiz rechnet man nach dem „Zumstein"-Katalog, in Frankreich nach dem „Ivert", in Großbritannien nach dem „Gibbons" und in den USA nach dem „Scott" . . .

Was braucht ein Sammler noch?

Zum Handwerkszeug des Sammlers gehören weiter Pinzette, Lupe, Wasserzeichensucher und ein Katalog. Gewissenhafte Sammler berühren ihre Marken niemals mit der Hand. Alle notwendigen Arbeiten, wie Einkleben, Sortieren und so weiter, nehmen sie mit der Pinzette vor. Die Zähnchen und (bei postfrischen Marken) die Gummierung sind sehr empfindlich. Selbst vorsichtigste Berührungen mit den Fingern können sie beschädigen. Beschädigungen müssen aber unter allen Umständen vermieden werden, weil schon der kleinste Zahnfehler (Beschädigung an den Zähnen) den Wert der Marke mindert.

Mit der Lupe kann man feststellen, ob eine Marke beschädigt ist. Die Fehler sind oft so winzig, daß man sie mit bloßem Auge nicht mehr sehen kann . . .

Soll man beschädigte Marken sammeln?

Die Preise in allen Katalogen beziehen sich auf unbeschädigte Marken. Beschädigte sind wesentlich billiger, je nach Art der Beschädigung bis zu 95 Prozent. Ernsthafte Sammler lehnen es ab, beschädigte Marken in ihre Sammlung aufzunehmen. Ausnahmen machen sie nur bei Spitzenwerten, die in unbeschädigtem Zustand so teuer und selten sind, daß man nicht hoffen kann, sie je zu bekommen . . .

Wie löst man die Marken vom Brief ab?

Um eine Marke von einem Brief abzulösen, reißt man das Papier, auf dem sie klebt, aus dem Umschlag heraus. Nicht zu dicht um die Marke herum, sonst kann sie beschädigt werden. Ist die Adresse auf dem Umschlag mit Tinte geschrieben, muß das herausgerissene Papier möglichst ohne Tinte sein; die Tinte könnte die Marke im Wasserbad verfärben.

Die Marke kommt mit dem anhaftenden Papier in ein lauwarmes Wasserbad. Die Marke wird nicht eingetaucht, sondern schwimmt – das Markenbild nach oben – auf der Wasseroberfläche. Nach etwa zehn Minuten läßt die Marke sich leicht von dem durchnäßten Papier herunterschieben. Vorsicht vor Beschädigungen! Nasse Marken sind noch empfindlicher gegen Beschädigungen als trockene! Jetzt wird etwa noch anhaftender Gummi vorsichtig von der Markenrückseite heruntergewaschen, dann kommt die Marke in das Trockenheft. Nach vier bis fünf Stunden ist die Marke trocken. Wer das Geld für ein Trockenbuch sparen will, kann sich notfalls auch mit anderen Büchern oder einer Zeitung behelfen. Wichtig: Während des Trocknens muß das Trockenbuch auf einer harten, glatten Fläche liegen und möglichst belastet werden (Bücher drauflegen!). Die Marke wird so während des Trocknens gleichzeitig „gebügelt" und ist in trockenem Zustand völlig glatt und ohne Falten.

Briefmarkenalben dagegen dürfen nicht liegen, sondern müssen stehen. Briefmarken brauchen Luft, sonst vergilben sie. Luft gelangt aber nur beim stehenden Album zwischen die Seiten. Aus dem gleichen Grund sollen Alben spätestens alle drei Monate einmal Blatt für Blatt durchgeblättert werden. Auch wenn man eine Zeitlang nicht zum Sammeln kommt, sollte man seine Briefmarken nicht verderben lassen. Denn jede Sammlung gewinnt mit der Zeit an Wert.

Spielanleitung: Domino

Johanna Preetorius

Zahlendomino (drei bis acht Spieler)

Auf 28 Holzplättchen oder Papptäfelchen sind jeweils, durch eine Mittellinie getrennt, zwei Ziffern aufgemalt und zwar so, daß alle die von den Zahlen 0, 1, 2, 3, 4, 5, 6 möglichen Zusammenstellungen einmal vorhanden sind.
Also: 0/0, 0/1, 0/2 . . .1/1, 1/2 . . . bis 6/6.

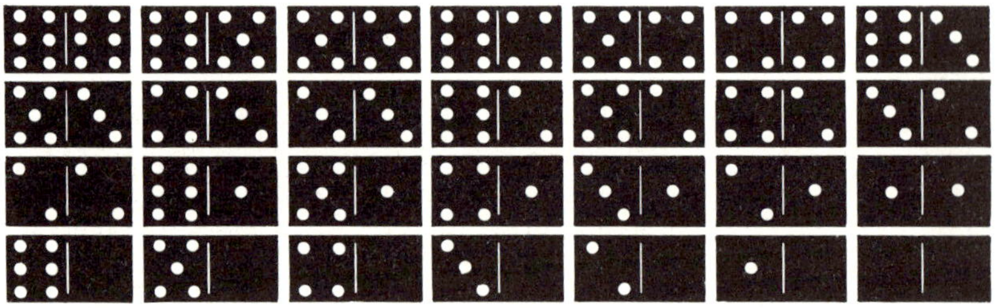

Man kann damit auf verschiedene Arten spielen:

1. Anlegen

Jeder hat gleichviel Plättchen. Alle werden verteilt. Wer 6/6 hat, legt es heraus, der linke Nachbar legt an. Jeder muß ein Plättchen anlegen, das auf der einen Seite die gleiche Augenzahl hat. Man hat immer zwei Möglichkeiten anzulegen, nämlich an beiden Enden der auf dem Tisch anwachsenden Schlange.
Doppeltäfelchen, also 0/0, 1/1, u. s. f., sind Trümpfe und dürfen überall angelegt werden.
Wer nicht anlegen kann, „paßt", d. h. er wird übergangen.
Wer zuerst keine Steine mehr hat, ist Sieger.

2. Anlegen mit „Kaufen"

Es werden nur je drei Steine ausgeteilt. Alle übrigen werden, Gesicht nach unten, als „Kaufladen" oder „Speisekammer" aufgeschichtet.
Die höchste vorhandene Doppelzahl beginnt. Wer nicht anlegen kann, muß „kaufen" oder „fressen", d. h. er muß sich so lange Steine vom Kaufhaus oder der Speisekammer nehmen, bis etwas Passendes dabei ist.
Wer zuerst keine Steine mehr hat, ist Sieger.

3. Das Siebener-Spiel (drei bis acht Spieler)

Es werden entweder alle Steine ausgeteilt, oder nur ein Teil, während der Rest als „Kaufladen" bleibt. Nun wird angelegt, jedoch nicht jeweils die gleiche Augenfarbe, sondern stets so viele Augen, daß sie das eine Ende des liegenden Steins zu 7 ergänzen. Als Trümpfe gelten die Plättchen, die in sich schon 7 ergeben: also 1/6, 2/5, 3/4 und außerdem 0/0.
An 0 kann nur ein Trumpf angelegt werden.
Wer zuerst keine Steine mehr hat, ist Sieger.

Führer durch den Tierpark Hellabrunn

Arnd Wünschmann

WICHTIGE HINWEISE

Besuchszeiten: Täglich geöffnet.
Im Sommer von 8.00 bis 18.00 Uhr
Im Winter von 9.00 bis 17.00 Uhr
Die Tierhäuser werden ½ Stunde vor Ende der Besuchszeit geschlossen. Die Besucher müssen den Park im Sommer um 18.15 Uhr, im Winter um 17.15 Uhr verlassen haben, da zu diesen Zeiten die Tore geschlossen werden.

Hauptgaststätte beim Kinderzoo ganzjährig geöffnet (Telefon 65 06 53).

Kioske am Picknickplatz, bei den Gaststätten, am Gemsengehege, im Polarium, am Löwenhaus, beim Pavianberg und in der Menschenaffenstadion.

WC

Toiletten bei den Gaststätten, neben der Braunbärenanlage, in der Menschenaffenstation und neben dem Futterhof.

Öffentliche Fernsprecher an der Hauptgaststätte und in der Menschenaffenstation.

Briefkasten am Haupteingang Thalkirchner Brücke.

Erste Hilfe: Tel. 112 Notarzt, nur in dringenden Fällen. Notruf-Möglichkeiten an den Eingangs-Kassen, am Kiosk neben dem Elchgehege, an der Kasse der Fahrbetriebe im Kinderzoo, in der Hauptgaststätte, in der Waldschenke, am Kiosk neben dem Löwenhaus und im Futterhof.

Fotografieren und Filmen gegen Lösung eines Erlaubnisscheines gestattet. Gewerbliche Verwertung nur mit Genehmigung der Direktion.

Hunde dürfen – an der Leine – mitgeführt werden.

Öffentliche Verkehrsmittel:
Die Tierpark-Eingänge Thalkirchner Brücke und Siebenbrunner Straße sind mit den Bus-Linien 31/52/57 zu erreichen.

Taxi

Taxistand am Haupteingang Thalkirchner Brücke.

FÜTTERUNGSZEITEN

Löwen (außer Dienstag und Freitag)
Sommer 16.30 Uhr, Winter 15.30 Uhr
Tiger (außer Dienstag und Freitag)
Sommer 15.00 Uhr, Winter 14.00 Uhr
Menschenaffen 10.00 / 14.00 / 16.00 Uhr
Aquarium (Mittwoch und Sonntag)
Sommer 16.30 Uhr, Winter 15.00 Uhr
Polarium (Robben, Pinguine)
Sommer 10.00 / 11.30 / 14.30 / 17.00 Uhr
Winter 11.30 / 14.30 Uhr
(Änderungen vorbehalten)

BITTE BEACHTEN SIE DAS FÜTTERUNGSVERBOT

Wir bemühen uns um die Gesunderhaltung unserer wertvollen Tiere.
Die zusätzliche Fütterung durch Besucher kann zu schweren Erkrankungen, oft sogar zum qualvollen Tod eines Tieres führen.
Überlassen Sie deshalb unbedingt die Fütterung den ausgebildeten Tierpflegern!

SIE SEHEN

807 Säugetiere	in 118 Arten
993 Vögel	in 234 Arten
261 Reptilien	in 68 Arten
17 Amphibien	in 6 Arten
2 248 Fische	in 208 Arten
98 Wirbellose	in 5 Arten
4 424 Tiere	**in 639 Arten**

Warum Fütterungsverbot in Hellabrunn?

Arnd Wünschmann

Wir bemühen uns mit größter Sorgfalt um die Gesunderhaltung und um die artgerechte Fütterung der uns anvertrauten, wertvollen Tiere. Jedes Tier erhält zu bestimmten Tageszeiten das auf seine besonderen Bedürfnisse abgestimmte Futter in ausreichender Menge. Die zwar gutgemeinte, aber unkontrollierbare zusätzliche Fütterung durch die Besucher erschwert uns die lebenswichtige Überwachung der Futteraufnahme.

Überlassen Sie deshalb bitte die Fütterung unseren ausgebildeten Tierpflegern!

Der wirkliche Tierfreund behält auch ohne Zuckertüte den Kontakt zu seinen Lieblingen und erfreut sich an ihrem natürlichen, ungezwungenen Verhalten. Auch Futter, das Ihnen einwandfrei erscheinen mag, führt zu schweren Erkrankungen und sogar zu Todesfällen, wenn es im Übermaß verabreicht wird. Bitte vergessen Sie nicht, daß Sie nur einer von über einer Million Besuchern sind, die alljährlich nach Hellabrunn kommen. Wenn z. B. ein Elefant an einem Sonntag nur von jedem zehnten Besucher ein Stück Zucker bekommt, dann frißt er davon 2000–3000! Die Ansicht: „Jedes Tier weiß, was und wieviel ihm bekommt", ist leider falsch, und so manches Zootier hat deswegen schon ein qualvolles Ende nehmen müssen!

In Hellabrunn sind zu Ostern 1970 eine Afrikanische Elefantenkuh und im Herbst 1972 ein Seelöwe vom Publikum zu Tode gefüttert worden, – um nur zwei der wertvollsten Tiere zu nennen, die auf diese Weise ums Leben kamen.

Wie alle größeren Zoos Deutschlands und Europas hat deshalb auch der Tierpark Hellabrunn das allgemeine Fütterungsverbot erlassen. Zuwiderhandlungen haben den sofortigen Gartenverweis und Schadenersatzanspruch zur Folge.

Bitte, haben Sie Verständnis für diese Maßnahme und seien Sie gut zu unseren Tieren, an denen sich außer Ihnen auch ungezählte andere Menschen erfreuen wollen. Jeder Tierparkbesucher hat es in der Hand, zum Wohle der Tiere beizutragen, indem er selbst auf das unerlaubte Füttern verzichtet und zugleich Unbelehrbare auf das Fütterungsverbot hinweist!

Bitte, legen Sie mitgebrachtes Futter in die an den Eingängen aufgestellten Sammelbehälter oder geben Sie es bei den Tierpflegern ab.

Strickclub
FOLGE 7
Hallo, habt ihr schon Ideen für Weihnachtsgeschenke? Peter und ich haben einiges herausgefunden, das man aus Wollresten machen kann. Wir treffen uns einmal in der Woche mit Freunden. Jeder bringt Wollreste mit, und alle dürfen davon nehmen. Das ist ganz toll. Wir können uns gegenseitig helfen und auf Ideen bringen.
Gut, daß ich auch stricken kann!
Kleine Tasche
Auto-talisman
Mütze
Eierwärmer
Brillen-Etui
Hals-schmuck
Wollbeutel
Stirn-band
hübscher Bleistift
So wird die kleine Tasche gemacht: Strickt ein Rechteck 8×26 cm und näht es so zusammen, daß eine 5 cm lange Klappe entsteht. Die Kordel (mit Troddeln) soll ca. 50 cm lang sein. Die Tasche, wird um den Hals getragen. Sie ist ein prima Geschenk für große Schwestern.
Ich stricke für Papa einen Autotalisman! Eine Art Troll mit langen, zotteligen Haaren. Alle gestrickten Teile zunähen und dann zusammennähen. Nur an einer Stelle offen lassen. Da hinein wird Watte gestopft (mit einem Löffel- oder Pinselstiel), bis die Figur plastisch wird. Jetzt das Loch zunähen und die Haare (Fäden aus Reppelwolle) oben auf dem Kopf an einer Stelle festnähen. Als Augen, Nase und Mund nähe ich Knöpfe auf. Papa wird sich freuen!!
4·12
7·12
4·6
4·6
Eine Mütze kann fast jeder gebrauchen (auch Opa). Es wird 2 rechts, 2 links rund gestrickt (Maschenprobe), bis die gewünschte Länge erreicht ist. Die Maschen dann auf einen Faden ziehen (mit einer Stopfnadel)... Zusammenziehen und vernähen.
Genauso, nur kleiner, werden Eierwärmer gemacht. Ich stricke welche für meine Oma.
Wer mit der Strickliesel umgehen kann, oder es sich zeigen läßt, macht tolle Sachen aus bunten Kordeln! Z.B. ein Brillenetui. 2 Ovale werden aus gestreiften Schnüren gelegt u. vernäht. Dann beide Ovale bis auf die Öffnung zusammennähen. Eine Kordel mit Troddel an einen Bleistiftverlängerer geknotet, freut eure Freunde vielleicht. Chic sind auch viele bunte Stricklieselschnüre als Gürtel verknotet.
Wie findet ihr so einen Brustbeutel? Ich habe 12 verschiedene Farbtöne zu einem kleinen Schlauch verstrickt (rund, mit 5 Nadeln), unten zugenäht und oben 5 cm vom Rand eine Kordel durchgezogen. (Die Kordel läßt sich leicht durch das Gestrickte drücken.) 17 cm lang, 8 cm breit ist der Beutel. Für Karin ist der Halsschmuck aus Lederband und Wolltroddeln, ganz in Schwarz. Vor dem Anbinden der Troddeln hab' ich das Lederband mit Klebstoff bestrichen.*
Ob Peter sich über das Stirnband freut? Ich habe es rundgestrickt 10 cm hoch, rechte Maschen, und dann doppelt gelegt und zusammengenäht. Maßnehmen und die Maschenprobe nicht vergessen!
G. KÖNEMUND 77

Fleckenentfernung

Flecken soll man so schnell wie möglich entfernen. Unter die fleckige Stelle legt man eine saubere, saugfähige Unterlage, am besten ein zusammengefaltetes weißes Tuch, und reibt den Flecken mit einem farbechten Lappen aus. Man reibt am besten in möglichst kreisförmiger Bewegung. Vor dem Entflecken entferne man den Staub durch kräftiges Ausbürsten. Bei Verwendung von Waschbenzin oder Terpentin ist auf die Feuergefahr zu achten. Empfindliche Stoffe darf man nur betupfen!

Flecken von:	entfernt man durch:
Blut	Kaltes Wasser und Seife
Fett und Öl	Warme Seifenlauge oder Fleckenwasser
Gras	Seife und Wasser oder verdünnten Salmiakgeist
Harz	Aufweichen mit Butter und Nachreiben mit Fleckenwasser
Kakao	Ausreiben mit kaltem Wasser ohne Seife
Obst	Aufweichen in warmem Essig oder Zitronensaft, danach Auswaschen mit Wasser
Ölfarbe	Aufweichen mit Terpentin und Ausreiben mit reinem Benzin. (Vorsicht! Beides feuergefährlich!)
Rost	Betupfen mit heißem Zitronensaft, solange der Flecken noch frisch ist. Danach kräftig mit Wasser auswaschen.
Teer und Wagenschmiere	Aufweichen mit Butter oder Terpentin und Nachreiben mit reinem Benzin. (Vorsicht! Terpentin und Benzin feuergefährlich!)
Tinte	Auswaschen mit warmem Wasser oder Einlegen in Zitronensaft oder Sauermilch. Nachwaschen mit Wasser.
Wachs	Ausbügeln zwischen Löschpapier oder Seidenpapier und Nachreiben mit Fleckenwasser

Die Katze

Nach Alfred Brehm

Unter unseren Haustieren ist die Katze das selbständigste. Sie ist trotz aller Zähmung eine richtige kleine und eigenwillige Tierpersönlichkeit geblieben. Unverständige Leute nennen sie falsch, weil sie sich nicht so viel gefallen läßt wie der Hund. Sie ist von Hause aus ein einsam lebendes und einsam jagendes Raubtier und kennt als solches nicht die Unterwürfigkeit des Herdentieres. Alle unsere übrigen Haustiere sind ursprünglich gesellig lebende Wildtiere gewesen, sie allein macht eine Ausnahme und muß deshalb ganz anders behandelt werden.

Die Katze führt ihr eigenes Leben und läßt sich vom Menschen nicht gerne dreinreden. Darum hat sie auch noch nicht so viele Rassen gebildet, wie wir das bei ihrem hohen Alter als Haustier erwarten sollten.

Die alten Ägypter haben sie bereits vor einigen tausend Jahren gezähmt. Ihre Stammform ist ohne Zweifel die in Nordafrika verbreitete Falbkatze. Noch heute fangen die Nubierbuben öfter junge Falbkatzen in der Steppe. Sie binden sie dann an einen Pflock und zähmen sie in wenigen Tagen.

Die Häuslichmachung der Katze hat einen kultisch-religiösen Hintergrund. Es gab im alten Ägypten eine Göttin mit Namen Bast. Sie wurde als Frau mit dem Haupt einer Löwin dargestellt, und in ihren Tempeln hielten die Priester Löwen als das Symbol der Gottheit. Da nun der Löwe, obwohl er zahm werden kann, doch immer ein gefährliches und unhandliches Tier blieb und viele Unglücksfälle vorkamen, nahm man später an seiner Stelle die kleine Falbkatze. Sie stellt ja gewissermaßen eine Zwerglöwin dar. So kam die Falbkatze in die ägyptischen Tempel und genoß göttliche Ehren. Wenn sie starb, wurde ihr Leib vor dem Verfall geschützt; sie wurde einbalsamiert und in besonderen Gräbern als Katzenmumie beigesetzt. Bei Ausgrabungen hat man Tausende dieser uralten Katzenleichen gefunden.

So geriet die Katze, als man die Göttin Bast später nicht mehr verehrte, unter das Volk, und man entdeckte, daß sie eine gute Mäusevertilgerin und also ein sehr nützliches Tier war. Bis zu dieser Zeit hielt man in Ägypten den Mungo und in Deutschland den Igel und den Iltis zu diesem Zweck auf den Kornböden.

Die Römer und Griechen erhielten die Katze aus dem alten Ägypterreich etwa um das Jahr 100 n. Chr., und im Mittelalter war sie in Deutschland noch so selten, daß sie eine große Kostbarkeit bedeutete. Sie wurde auf den Burgen und Schlössern von den Damen gehalten und ging als wertvolles Geschenk an ausländische Fürstenhöfe. Dank ihrer guten Vermehrung – wir wissen, daß die Katze zweimal im Jahr Junge bekommt – wurde sie aber immer häufiger und dadurch billiger. Endlich kam sie auch bei uns in die Getreidespeicher und die großen Hofgüter. Aber noch immer war sie teuer. Sie schien so nützlich, daß man ihrer in besonderen Gesetzen gedachte, und wenn ein Hofgut in andere Hände überging, so wurde eigens im Kaufvertrag vereinbart, daß auch die Hofkatze im Preise mit einbegriffen sein sollte. Wer eine Katze stahl, mußte so viel Getreide als Buße zahlen, wie eine am Schwanz aufgehängte Katze bedeckte; also einen hohen Haufen. Die Tötung einer Katze kostete ein Schaf mitsamt Lamm. Im alten Ägypten wurde dieser Frevel sogar mit dem Tode bestraft. Da sie den Heiden ein heiliges Tier war, wurde die Katze bei den Christen unheilig und als ein zauberhaftes, gespenstisches Wesen angesehen, das mit Hexen und Zauberern Umgang hat. Noch heute ist dieser Glaube nicht ganz erloschen.

Bei der großen Selbständigkeit der Katze ist es kein Wunder, wenn sie schnell verwildert. Diese verwilderten Katzen sind eine wahre Geißel für die Niederjagd, die Fasanen, Hasen und Rebhühner. Sie kreuzen sich wohl mit unserer heimischen Wildkatze, aber im Grunde sind beide doch verschiedene Tiere. Niemals hat die echte europäische Wildkatze den nach hinten dünner werdenden Schwanz und den schwarzen Sohlenfleck der Hauskatze. Auch wird sie viel größer und schwerer.

Alles an unserem kleinen netten Haustiger ist elegant und geschmeidig. Seine Pfoten sind weich wie Samt, und sein Tritt ist unhörbar leise. Stets schmuck und glatt ist sein Pelz, und er hält sich so sauber wie kaum ein anderes Tier. Jedes kleine Geschöpf interessiert den gefährlichen Räuber, seine scharfen Krallen sind stets bereit zuzupacken. Es stellt seiner Intelligenz und Anpassungsfähigkeit ein hohes Zeugnis aus, daß er lernt, Hausgeflügel und Kaninchen zu schonen, ja an die Gesellschaft von weißen Ratten und Mäusen kann man ihn gewöhnen. Seine Erziehung verbietet ihm, den Kanarienvogel im Bauer zu belästigen, er kann sogar, wenn sie vollkommen war, seine Naschhaftigkeit unterdrücken und den Milchnapf unberührt lassen, selbst wenn er allein zu Hause ist.

Die Katze ist, wie ihre großen Verwandten, ein Nachttier. In der Sonne zieht sich ihre senkrecht stehende Pupille zu einem schmalen Spalt zusammen, in der Dunkelheit erweitert sie sich so, daß viel Licht hereinfallen kann und die Katze in der Dämmerung so

gut sieht wie am Tage. Schon das schöne, strahlende Auge verrät, daß es der schärfste Sinn des Tieres ist. Sehr gut sind auch das Gehör und der Tastsinn ausgebildet. Eine Katze, der man die Schnurrhaare abgeschnitten hat, läuft sehr unsicher und stößt überall an.
Nichts Eckiges ist an unserem Tierchen, alles ist rund und ausgeglichen. Biegsam wie der Körper ist auch der Charakter, und manche Katze liebt ihren Herrn ebenso zärtlich wie der Hund, wenn sie auch von Natur aus mehr am Hause hängt als am Menschen.
Außerordentlich ist ihr Mut. Wenn sie Rückendeckung hat, fürchtet sie die größten Hunde nicht. Ihre Jungen, die wie alle Raubtiere blind geboren werden, liebt sie zärtlich und geht furchtlos auf jeden Gegner los, der ihnen zu nahe kommt. Junge Kätzchen sind die reizendsten, spiellustigsten Tierkinder, die man sich denken kann. Die Mutter ergreift sie, wenn Gefahr droht, am Nackenfell und trägt sie an einen sicheren Ort. Ihre Kindesliebe ist so groß, daß sie in der Säugezeit auch andere Tiere, z. B. Eichhörnchen, kleine Hunde, Kaninchen, ja selbst Ratten an Kindesstatt annimmt und großzieht.
Mit gefangenen Mäusen spielt sie oft, wenn sie nicht hungrig ist, aber wir dürfen sie nicht grausam schelten. Ein Tier kennt den menschlichen Begriff der Grausamkeit nicht.
Die Spiellust ist notwendig für ein Raubtier, sie bildet es für seinen zukünftigen Beruf und erhält ihm Geschmeidigkeit und Sprungsicherheit. Wer einmal eine mausende Katze beobachtet hat, weiß, wieviel Kunst und Geschicklichkeit dieses Handwerk erfordert. Das Spiel mit der rollenden Kugel, mit der Garnrolle oder dem Knäuel, das wir so oft bei den Katzen sehen, ist nichts anderes als ein Raub- oder Fangspiel.

Der unverwüstliche Löwenzahn

Adelaide Hechtlinger

Als Lehrerin habe ich viele hundert Male von Kindern Blumen geschenkt bekommen. Meist war es Löwenzahn, der die Spender allerdings immer bitter enttäuscht, weil die Pflanze es sich nicht gefallen läßt, wenn man sie in ein Gefäß mit Wasser setzt. Der strubbelige Löwenzahn verwelkt, sowie er aus der Erde gerissen wird.
Damit die Kinder nicht traurig sind, zerlege ich immer eine der

Blüten und zeige ihnen die Wunder ihrer Anatomie[1]. Und ich denke dann daran zurück, wie wir uns in diesem Alter aus den Blüten Halsketten geflochten und die Jungen auf den Stengeln geblasen und ihnen die gräßlichsten Töne entlockt haben.

Der Löwenzahn ist ein Korbblütler. Was wie eine einzige große Blüte aussieht, ist in Wirklichkeit ein ganzes Bündel simpler kleiner Blüten. Im Innern des Blütenkopfes befinden sich die noch unreifen Samen. Sie sitzen an goldgelben Blättchen, die man auf den ersten Blick für einzelne Blütenblätter hält, bis sich herausstellt, daß jedes aus fünf hauchfeinen, miteinander verschmolzenen Blättchen besteht. Jedes Samenkorn trägt einen Kranz kleiner Federn, aus denen später die wundervollen Fallschirmchen werden, die die Keime durch die Luft tragen.

Wenn man es dem Löwenzahn auch gar nicht ansieht, so ist er doch unglaublich lebenstüchtig. Eine Reihe von Faktoren[2] befähigt ihn wie keine andere Pflanze, sich in der gemäßigten Zone auf so gut wie jedes Klima einzustellen. Vor allem ist er bei seiner Vermehrung auf keinerlei fremde Hilfe angewiesen. Die Fruchtknoten der Pflanze bilden ohne Bestäubung fertige Samen aus, so daß der Fortpflanzungszyklus[3] nie gestört wird.

Das eigentliche Geheimnis der großen Zähigkeit des Löwenzahns liegt jedoch in seiner unverwüstlichen Wurzel. Meistens rund einen halben Meter lang, dringt sie so tief in den Boden ein, daß sie auch während langer Dürreperioden die Blüte ernähren kann. Außerdem steht auch sie, zum großen Leidwesen aller Gartenfreunde, im Dienste der Arterhaltung. Selbst wenn man sie bis in 30 Zentimeter Tiefe zurückschneidet, hält sie das nicht ab, neue Löwenzahnpflanzen hervorzubringen.

Auch die langgestreckten Blätter des Löwenzahn stellen nach Beschaffenheit und Zweckmäßigkeit etwas Besonderes dar. Ihr ungleichmäßig gezähnter Rand mit seinen scharfen, zum Blütenstengel zeigenden Zacken hat der Pflanze ihren Namen gegeben. Die Blätter entsprießen stengellos der Wurzel und stehen daher so dicht am Boden, daß die übrige Vegetation verdrängt wird.

Im Löwenzahn nur ein lästiges Unkraut zu sehen ist unserem Jahrhundert vorbehalten geblieben. Zuvor galt er von alters her als überaus nützlich. Manche rechnen ihn zu den „bitteren Kräutern",

[1] Anatomie: Form und Körperbau der Lebewesen
[2] Faktor: Grund, Umstand
[3] Zyklus: Kreislauf

von denen in der Bibel die Rede ist. Früher wurden seine Blätter gern zu Salat und Gemüse verarbeitet. Die Wurzeln trocknete man und gewann daraus einen Extrakt, der als mildes, aber wirkungsvolles Abführmittel geschätzt war. Mancherorts wird der Löwenzahn noch heute als harntreibendes Mittel verwendet. Die Wirksamkeit solcher Hausmittel beruht keineswegs auf Einbildung. Der Löwenzahn ist eine anerkannte Heilpflanze, deren sich die Pharmazie[4] gern zur Herstellung von Stärkungsmitteln bedient.
Sogar Dichter haben den Löwenzahn besungen. Walt Whitman nennt ihn „rein, golden und still wie den jungen Morgen". Der Hauptreiz der Blume freilich besteht zweifellos in ihrer Fähigkeit, uns die Welt in einem freundlicheren Licht erscheinen zu lassen. Wenn sich des Jahres erste Löwenzahnblüten zeigen, dann wissen wir, daß der Winter vorüber ist.

Löwenzahn

Lulu von Strauß und Torney

Nun hebt auf jedem Wiesenplan,
auf jedem grünen Stellchen,
der goldgesternte Löwenzahn
die luftgen Federbällchen.

Bisweilen fährt der Wind darein,
der ungestüme Bläser,
dann stieben tausend Fiederlein
weit über Busch und Gräser.

Braucht auch manch roter Kindermund
den frischen Atem gerne
und bläst ins grüne Wiesenrund
die Saat für neue Sterne,

und lacht dazu, als wüßt ers gut,
wenn leicht die Flöckchen schweben,
daß er die Arbeit Gottes tut
am lieben jungen Leben.

[4] Pharmazie: Arzneimittelzubereitung

Das Gewitter

Josef Guggenmos

Hinter dem Schloßberg kroch es herauf:
Wolken – Wolken!
Wie graue Mäuse,
ein ganzes Gewusel.

Zuhauf jagten die Wolken gegen die Stadt.
Und wurden groß
und glichen Riesen
und Elefanten
und dicken finsteren Ungeheuern,
wie sie noch niemand gesehen hat.

Gleich geht es los!
sagten im Kaufhaus Dronten
drei Tanten
und rannten heim, so schnell sie konnten.

Da fuhr ein Blitz
mit hellichtem Schein,
zickzack,
blitzschnell
in einen Alleebaum hinein.

Und ein Donner schmetterte hinterdrein,
als würden dreißig Drachen
auf Kommando lachen,
um die Welt zu erschrecken.

Alle Katzen in der Stadt
verkrochen sich
in die allerhintersten Stubenecken.
Doch jetzt ging ein Platzregen nieder!
Die Stadt war überall
nur noch ein einziger Wasserfall.

Wildbäche waren die Gassen.
Plötzlich war alles vorüber.
Die Sonne kam wieder
und blickte vergnügt
auf die Dächer, die nassen.

Feuer – der große Fortschritt

Dieter Conrads

Fünf Dinge brauchte der Mensch, um Herr der Erde zu werden: Verstand, aufrechten Gang, geschickte Hände, das Wissen, mit dem Feuer umzugehen und schließlich: das Rad. Das Rad wurde relativ spät erfunden, wahrscheinlich um 3500 vor Christus. Es ist allerdings nicht erwiesen, ob es anfangs nur Kultursymbol war und erst dann als Gebrauchsgegenstand diente. Man fand jedenfalls bei den Sumerern, einem Kulturvolk, das zwischen Euphrat und Tigris lebte, den Wagen mit dem Rad.

Das Feuer aber kannten schon die Urmenschen. Sie waren sich seiner Bedeutung bewußt, verstanden, es zu sammeln und für ihre Zwecke unter Kontrolle zu halten. Dadurch unterscheidet sich der Urmensch ganz deutlich vom Tier, das nicht imstande ist, Feuer zu machen oder zu erhalten.

Wo gab es die früheste und größte Feuerstelle der Erde?

In China. Und zwar in einer Höhle, in der sich Urmenschen zusammenfanden. Dort entdeckte man in unserem Jahrhundert eine gigantische Feuerstelle. 6 Meter hoch war die Aschenschicht, die diese Höhle bedeckte, also ungefähr so hoch wie ein zweistöckiges Haus. An diesen Höhlenfeuern haben sich Menschen gewärmt, die man heute „Pekingmenschen" nennt. Sie lebten dort vor etwa 500 000 Jahren und waren dem Javamenschen ähnlich. Sie gehörten also auch zu den „aufrechten Menschen", zum Homo erectus.

Machten die Pekingmenschen selbst Feuer?

Das ist fraglich. Wahrscheinlich trugen sie Feuer, das durch Blitzschlag entstanden war, zu ihren Höhlen. Sie waren die „Fackelträger der Urzeit". Und zugleich die großen Hüter des Feuers, denn sie sorgten dafür, daß es nie ausging. Deshalb schaufelten sie die Asche aus ihrer Höhle nicht hinaus. Sie hätten dabei das Feuer stören können.

Haben sich die Pekingmenschen am Feuer nur gewärmt?

Nein, dann hätten sie es an warmen Tagen nicht so sorgfältig gehütet. Sie haben am Feuer Fleisch gebraten. Und darin unterschieden sie sich wieder von den Tieren. Auch hier müssen wir einen Riesen-Fortschritt erkennen: Auf die Idee zu kommen, ein

Stück Fleisch ins Feuer zu halten, es zu braten – nur der Mensch hat bisher diesen Einfall gehabt.

Was haben die Pekingmenschen gegessen?

Das können wir anhand der Knochenreste, die in ihren Höhlen gefunden wurden, recht genau feststellen. Auf ihrem Speiseplan standen folgende Gerichte: Bärenbraten, Wolfsbraten, Braten von wilden Hunden, Wildbret, Schafs- und Pferdebraten. Besonders gut muß ihnen das Mark aus den Knochen geschmeckt haben. Fast alle gefundenen Knochen waren aufgespalten, was darauf hindeutet, daß die Pekingmenschen ans Mark gelangen wollten, um es auszusaugen. Knochenmark ist ja nun auch besonders kräftig, fettreich und nahrhaft.

Die sieben Wunder der Alten Welt

Unbekannter Verfasser

Sieben Bau- und Kunstwerke, die durch ihre Größe und Pracht hervorragten, galten im Altertum als Weltwunder: Die ägyptischen Pyramiden, die Hängenden Gärten von Babylon, der Artemistempel zu Ephesos, das Sitzbild des Zeus in Olympia, das Mausoleum von Halikarnassos, der Koloß von Rhodos und der Leuchtturm auf der Insel Pharos. Alle diese Werke, bis auf die Pyramiden, sind heute zerstört.

Der Artemistempel von Ephesos

Zu Ehren der Artemis errichtete im 6. Jahrhundert v. Chr. der Grieche Chersiphron in der kleinasiatischen Stadt Ephesos an der Küste des Mittelmeeres einen großen Tempel im ionischen Stil. Er galt als der schönste seiner Art. Finanziert wurde der Bau von dem sagenhaft reichen Lyderkönig Kroisos (Krösus), der um 560–46 regierte. Im Jahr 356 v. Chr. – angeblich in der Nacht, da Alexander der Große geboren wurde – steckte ein gewisser Herostratos das Heiligtum in Brand, um seinen Namen der Nachwelt für alle Zeiten zu überliefern.

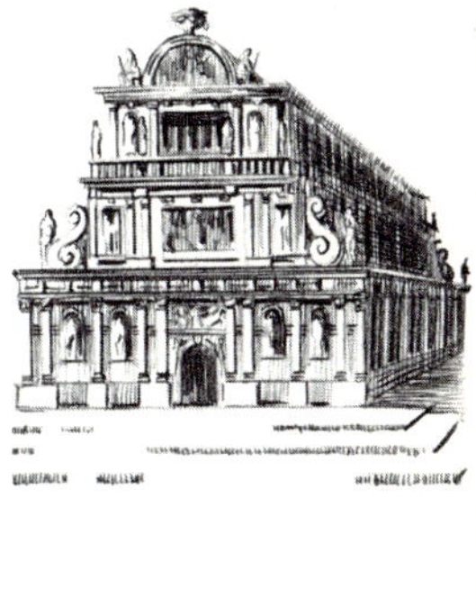

Der Koloß von Rhodos

Fünfundfünfzig Jahre lang bewachte eine riesige Statue des Sonnengottes Helios den Eingang zum Hafen von Rhodos. Der griechische Bildhauer Chares schuf sie 292–280 v. Chr. Die bronzene Figur war 34 Meter hoch. Über ihrem Haupt, das mit einem Strahlenkranz

geschmückt war, hielt sie eine brennende Fackel, um den Seeleuten den Weg zu weisen. Vermutlich stand der Gott mit gespreizten Beinen über der Hafeneinfahrt. Die Statue war so groß, daß ein Mensch mit beiden Armen nicht einmal ihren Daumen umspannen konnte. Im Jahre 225 v. Chr. fiel sie einem Erdbeben zum Opfer.

Die ägyptischen Pyramiden

Von den sieben Weltwundern der Alten Welt sind heute nur noch die Pyramiden vorhanden. Die berühmteste unter ihnen ist die große Pyramide von Giseh. Um 2900 v. Chr. ließ König Cheops sie aus 2 300 000 mächtigen Steinblöcken als sein Grabmal errichten. Man schätzt, daß 100 000 Sklaven 20 Jahre lang daran gearbeitet haben. 147 Meter war die Pyramide ursprünglich hoch. Später wurde die Spitze abgetragen, so daß der Bau heute nur noch 137 Meter aufragt. Der Zugang zur Grabkammer, in der sich der Granitsarg des Königs Cheops befindet, liegt auf der Nordseite.

Die Hängenden Gärten von Babylon

Auf der Königsburg von Babylon gab es „Hängende Gärten". Einer griechischen Überlieferung zufolge hatte der König Nebukadnezar II. (605–562) sie für seine Gemahlin anlegen lassen, da sie sich nach den Bergen ihrer Heimat Medien zurücksehnte. Die Gärten lagen in Terrassen übereinander und ruhten auf kühnen Bogen. Der oberste Dachgarten befand sich in einer Höhe von etwa hundert Metern. Nicht nur Blumen, sondern auch Bäume wuchsen hier; Schlingpflanzen hingen herab, und sogar Teiche gab es. Mit Hilfe von Pumpen, die von Sklaven bedient wurden, brachte man Wasser hinauf, um die Pflanzen zu tränken.

Das Mausoleum von Halikarnassos

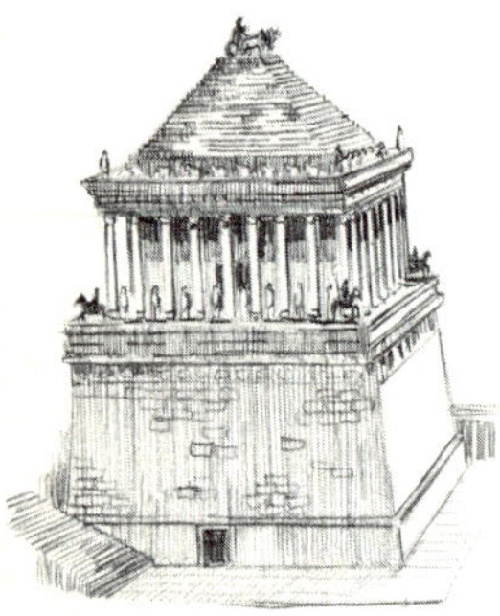

Zwei Jahre nachdem König Mausolos von Karien gestorben war (352 v. Chr.), ließ seine Witwe, Artemisia, in Halikarnassos von dem Baumeister Pytheos ein riesiges Grabmal für ihren Gatten aufführen. Der römische Schriftsteller Plinius hat den Bau beschrieben: Er war etwa fünfzig Meter hoch. Über einem mächtigen Steinsockel erhob sich eine Halle im ionischen Stil, in der sich der eigentliche Grabtempel befand. Darüber stufte sich eine Pyramide empor, die ein Viergespann mit den Kolossalstatuen des Mausolos und der Artemisia trug. Reste des einstigen Frieses am Sockel befinden sich heute im Britischen Museum in London.

Der Leuchtturm von Pharos

Um den Seeweg nach Alexandria zu sichern, ließ Ptolemaios II. Philadelphos um 280 v. Chr. am östlichen Ende der Insel Pharos, die vor Alexandria lag, durch Sostratos einen mächtigen Turm als Landmarke errichten. Später zündete man auf der Spitze ein Feuer an. Nach diesem Bauwerk heißt ein Leuchtturm noch heute im Französischen „phare", im Italienischen und Spanischen „faro".

Die Zeusstatue von Olympia

Um 435 v. Chr. schuf ein Athener Künstler namens Phidias eine mächtige Statue des Zeus. Sie war etwa 20 Meter hoch und mit einem Mantel aus Gold bekleidet. Der Gott saß auf einem elfenbeinernen Thron in einem eigenen Tempel, der im heiligen Bezirk von Olympia stand. Hätte er aufstehen können, wäre er alsbald mit seinem Kopf durch die Decke gestoßen. So schön erschien den Griechen dieses Werk, daß sie meinten, es könne durch nichts mehr je übertroffen werden.

Olympische Spiele

Thomas Zottmann

Wie kam es zu den ersten Spielen in Olympia?

Seit uralten Zeiten ist die Hügellandschaft von Olympia heiliger Boden. Dieses Land war dem Gott Zeus geweiht. Hier durften sich keine Menschen ansiedeln, hier gab es keinen Ackerbau, keine Gärten und keine Viehzucht. Jedes Jahr feierten die Gläubigen ein großes Fest zu Ehren des Gottes Zeus. Während des religiösen Kultes wurden hundert Ochsen auf einem Altar geopfert. Chöre, Tänze und kultische Darbietungen umrahmten die Feier. Hierzu versammelten sich Wallfahrer aus ganz Griechenland. Im heiligen Eifer versuchten die Gruppen aus den verschiedenen griechischen Landschaften und Städten sich gegenseitig in ihren Glaubensbezeugungen zu übertreffen. Das gab dauernde Rivalitäten, viel Unruhe und Streitigkeiten. Um dem ein Ende zu machen, veranstaltete man Wettkämpfe zu Ehren des Gottes Zeus. Jetzt konnte jeder einzelne beweisen, wie fromm und zugleich tüchtig er war. 77 vor Christus wurde der erste Preisträger im Wettlauf in die Siegerliste eingetragen.

Was gab es in Olympia zu sehen?

In Olympia stand der 64 Meter lange Zeus-Tempel. Zeus selbst saß in der Cella, dem Hauptraum des Tempels, auf einem Thron aus schimmerndem Gold und weißem Elfenbein. Sein Haupt berührte beinahe die Decke des über zwölf Meter hohen Raumes. Diese mächtige Gestalt ließ jeden, der vor den Gott trat, zutiefst erschaudern. Das Bildnis schuf im 5. Jahrhundert der berühmte Bildhauer Phidias von Athen. Sein Werk galt als eines der Sieben Weltwunder. Später kam diese Zeus-Statue als teure Antiquität nach Byzanz. Zeus war vergessen, sein Kultbild wurde zerstört.

Was war in Olympia anders als heute?

Im offenen Hippodrom lief das Rennen auf zweirädrigen Wagen, die von vier nebeneinander geschirrten Pferden gezogen wurden. Das Rennen ging über zwölf Runden mit einer Strecke von mehr als neun Kilometern. Beim Pferderennen gab es weder Sattel noch Steigbügel. Man kannte damals weder Sattel noch Hufeisen. Im Laufen, Springen und Ringkampf traten die Wettkämpfer barfuß und nackt an. Die Läufe gingen über 200, 400 und 4800 Meter. Der Weitsprung aus dem Stand wurde mit Gewichten von zwei Kilogramm in der Hand ausgeführt. Ringen, Boxen und Catchen waren den Muskelriesen vorbehalten, Gewichtsklassen gab es noch nicht.

Kamen auch Frauen zu den Spielen?

Weder als Zuschauerinnen noch als Teilnehmerinnen waren Frauen bei den Spielen in Olympia zugelassen. Der Kult des Zeus war Männerangelegenheit und die sportlichen Wettkämpfe wurden zu Ehren und zur Freude dieses höchsten Gottes ausgetragen. Frauen hatten ihre eigenen religiösen Kulthandlungen und ihre eigenen Feste, wie sie ja auch ihre eigenen Göttinnen und Tempel hatten.

Was erreichten später die Frauen?

Sie setzten es durch, daß sie in Olympia ein eigenes Fest bekamen, das sie zu Ehren der Göttin Hera begingen. Ihre Wettkämpfe durften sie jedoch nicht zur Zeit der Olympischen Spiele abhalten. Die Frauen setzten auch bei den anderen griechischen Festspielen durch, daß Läufe über kurze Strecken für Frauen aufgenommen wurden. Doch Olympia blieb ein Männerfest.

Kam nie eine Frau zu den Spielen?

Doch, einmal gelang es einer Frau, das unter Strafe angedrohte Verbot, an den Olympischen Spielen teilzunehmen, zu umgehen. Sie wollte um jeden Preis ihren Jungen boxen sehen. So zog sie eine Traineruniform an und nahm auf der Trainerbank Platz. Ihr Junge gewann. Da sprang sie vor Begeisterung über die Schranken. Dabei zerriß sie sich das Gewand, wurde erkannt und verhaftet. Doch da ihr Vater, ihre Brüder und ihr Sohn olympische Sieger waren, erließen die Richter ihr die Strafe. Doch von nun an saßen auch die Trainer in Olympia nackt auf der Trainerbank.

Wieviel Preise gab es?

In Olympia zählte nur der Erste. Über Silber und Bronze für den zweiten und dritten Platz hätten die Griechen nur ihre Witze gemacht, denn es kann nur einen Sieger geben.

Fanden noch andere Festspiele statt?

Neben den Spielen von Olympia fanden ebenfalls alle vier Jahre in Delphi die Pythischen Spiele zu Ehren Apollons statt. Alle zwei Jahre wurden die Nemeischen Spiele in Nemea ebenfalls zu Ehren des Gottes Zeus und die Isthmischen Spiele von Korinth zu Ehren Poseidons abgehalten. Die Sieger erhielten keine Goldmedaillen, sondern Ehrenkränze: in Korinth einen Kranz aus Pinien, in Nemea einen Kranz aus Eppich[1], in Delphi einen Kranz aus Lorbeer und in Olympia einen Kranz vom heiligen Ölbaum.

Wer startete zum ersten Marathonlauf?

In der Bucht von Marathon, 43 Kilometer von Athen entfernt, landete ein persisches Invasionsheer mit dem Auftrag, Athen zu erobern und zu zerstören. Den hunderttausend Persern konnte der Athener Feldherr Miltiades nur neuntausend Athener und tausend Verbündete gegenüberstellen. Obwohl ein Grieche gegen zehn Perser zu kämpfen hatte, wurden die Perser vernichtend geschlagen. Ein Soldat wurde beauftragt, die Siegesmeldung nach Athen zu überbringen. Der Soldat lief um die Vorberge des Pentelikon, durchquerte die attische Tiefebene und erreichte mit letztem Atem das Stadion, in dem die Frauen und Mütter Athens versammelt waren. „Wir haben gesiegt", brachte er noch hervor, dann brach er tot zusammen. Der lange Lauf und die Überanstrengung – er hatte ja die Schlacht in vorderster Linie mitgekämpft – kosteten ihm das Leben. Zum Gedenken an diese unglaubliche Leistung wurde der Marathonlauf in die modernen Olympischen Spiele aufgenommen. Der erste Marathonlauf fand im Jahr 1896 in Athen statt. Sieger wurde ein Grieche. Sein Name: Spiridon Louis.

[1] Eppich: Name für mehrere Pflanzen, auch für Efeu

Mai

Gibt's im Mai
Regenwetter,
wird das
Getreide fetter.

				Sonne Aufgang	Sonne Untergang
1	**Di**	**Joseph d. Werktätige;** Sigismund		4.56	19.43
2	Mi	Athanasius, Wilburga, Gerfried			
3	Do	Ap. Philippus u. Jakobus			
4	Fr	Adeodat, Monika	☽		
5	Sa	Godehard, Jutta, Angelus			
6	**So**	**4. der Osterzeit;** Edelbert		4.47	19.52
7	Mo	Gisela, Flavius			
8	Di	Wulfhilde, Achatius			
9	Mi	Beatus, Hermas, Gerontius			
10	Do	Antonin, Gordian u. Epimachus			
11	Fr	Gangolf, Mamertus, Angelika			
12	Sa	Pankratius (Eisheiliger), Nereus	○		
13	**So**	**5. der Osterzeit;** Muttertag		4.35	20.02
14	Mo	Bonifatius (Eisheiliger), Corona			
15	Di	Sophie, Rupert v. Bingen			
16	Mi	Johannes Nepomuk, Alipius			
17	Do	Dietmar, Paschalis			
18	Fr	Erika, Wilhelm			
19	Sa	Petrus Cölestin, Ivo, Klemens	☾		
20	**So**	**6. der Osterzeit;** Bernardin		4.25	20.12
21	Mo	Hermann Josef, Konstantin (1. Bittag)			
22	Di	Rita, Renate, Julia (2. Bittag)			
23	Mi	Desiderius, Anno (3. Bittag)			
24	**Do**	**Christi Himmelfahrt;** Esther			
25	Fr	Magdalena v. Pazzi, Beda, Urban			
26	Sa	Philipp Neri, Eleutherius	●		
27	**So**	**7. der Osterzeit;** Bruno v. Würzburg		4.16	20.22
28	Mo	Wilhelm v. Aquitanien, German			
29	Di	Erwin, Theodosia			
30	Mi	Jeanne d'Arc, Reinhilde, Felix			
31	Do	Helmut, Helmtrud, Petronilla			

Das Wetter nach dem hundertjährigen Kalender

1. Gewitter, am 2. früh kalt, sonst schön; 3. Gewitter; 4. unstet und kühl; 5. Nachtfrost und Reif, hell und kühl; 6. bis 25. schön und kühl, tagsüber warm und sehr trocken; 26. rauh; 27. bis 29. trüb und Regen; 30. schädlicher Nachtfrost mit Reif; 31. windig, gegen Abend Regen.

Jugendlexikon: Stichwort Berg

Bergbau nennt man die Gewinnung, den „Abbau" von Bodenschätzen, z. B. Kohle, Salz, Kali, Eisen-, Silber-, Bleierzen. Bergbau wird seit den ältesten Zeiten betrieben. (So grub man schon in der Steinzeit tiefe Schächte, um die Steine zu gewinnen, aus denen Werkzeuge und Waffen hergestellt werden konnten.) Die Lagerstätten der Bodenschätze werden durch „Mutungen" (von „vermuten") entweder mit radarähnlichen Geräten oder durch Tiefbohrungen (Schürfungen) ermittelt. Liegen die Bodenschätze an der Erdoberfläche oder nur wenig unter ihr (wie oft bei Braunkohlenvorkommen), so können sie im *Tagebau* abgebaut werden; liegen sie in größerer Tiefe (wie bei Steinkohle und den meisten Erzvorkommen), so können sie nur im *Grubenbau* (Untertagebau) abgebaut werden. Dazu wird ein senkrechter *Haupt-* oder *Förderschacht* in die Erde getrieben; vom Förderschacht aus gräbt man waagerechte Stollen, die *Sohlen*. Von hier aus dringt man in die *Flöze* ein, das sind die Lagerstätten der abzubauenden Bodenschätze. An der Abbaustelle, „vor Ort", arbeitet der Bergmann mit Pickel und Spitzhaue, mit Preßluftwerkzeugen und Schrämm-Maschinen. Manchmal wird auch gesprengt. Das abgegrabene Material wird in kleinen Wagen, den „Hunden", zum Förderschacht gebracht. Dazu benutzte man früher häufig Pferde, heute wird diese Arbeit von kleinen Lokomotiven besorgt. Die im *Förderturm* eingebaute *Fördermaschine* zieht mit Drahtseilen das *Fördergut* an die Erdoberfläche, wo es seiner Bestimmung zugeführt wird. Sämtliche in die Erde getriebenen Stollen müssen gut abgestützt oder ausgemauert werden, damit sie nicht einstürzen. Eigene Schächte sorgen für die „Bewetterung", d. h. dafür, daß im Bergwerk immer genügend frische Luft vorhanden ist. An der tiefsten Stelle des Bergwerks befindet sich der *Sumpf*, in dem sich alles Tropfwasser sammelt, das von hier aus weggepumpt wird. Trotz aller Sicherheitsmaßnahmen ist die Arbeit der Bergleute sehr gefährlich (Stolleneinbrüche, plötzlicher Wassereinbruch, → Schlagwetter-Explosionen).
Im *Salzbergwerk* wird Salz gewonnen. Dabei wird der Salzstein nicht zutage gefördert, sondern in großen, unterirdischen Hallen in Wasser aufgelöst. Die dabei entstehende *Sole* (20–30prozentige Salzwasserlösung) wird in Röhren zur *Saline* geleitet. Dort wird das Salz durch Verdampfen des Wassers gewonnen.

Berge verdanken ihre Entstehung verschiedenen Ursachen. Viele bildeten sich durch Auffaltungen, als starke Drücke aus dem Erdinneren riesige Gesteinsmassen (z. B. die Alpen) emporhoben. Andere (z. B. südafrikanische Tafelberge) sind stehengebliebene Teile von Hochflächen, während Wasser und Wind die umliegenden Massen abgetragen haben. Wieder andere (z. B. Kilimandscharo, Sinai und Vesuv) sind durch vulkanische Ausbrüche entstanden. Selbst in den Polargebieten gibt es noch heute Vulkane, die ja nicht nur in heißen Zonen auftreten, sondern entlang den Bruchfalten der Erdrinde hervorbrechen, besonders rings um den Pazifik.

Die **Bergkrankheit,** auch Höhen- oder Fliegerkrankheit genannt, tritt in großen Höhen (auf sehr hohen Bergen, im Flugzeug) auf, weil dort die Luft dünner ist und deshalb das Blut durch die Lungen nicht mehr genügend

Sauerstoff zugeführt erhält. Die Folgen sind: beschleunigte Atmung. Müdigkeit und Schwindelgefühl. Zwischen 2000 und 4000 m treten meist die ersten Anzeichen der Höhenkrankheit auf, und ab 8000 m muß der Mensch ein Atemgerät benutzen, das ihm Sauerstoff liefert.

Bergkristall → Edelsteine.

Die **Bergpredigt,** über die der Evangelist Matthäus (Kapitel 5–7) berichtet, gilt als Kernstück und Grundlage der christlichen Lehre, wie sie im Neuen Testament niedergelegt ist. Die Seligpreisungen und das Vaterunser sind wesentliche Teile der Bergpredigt.

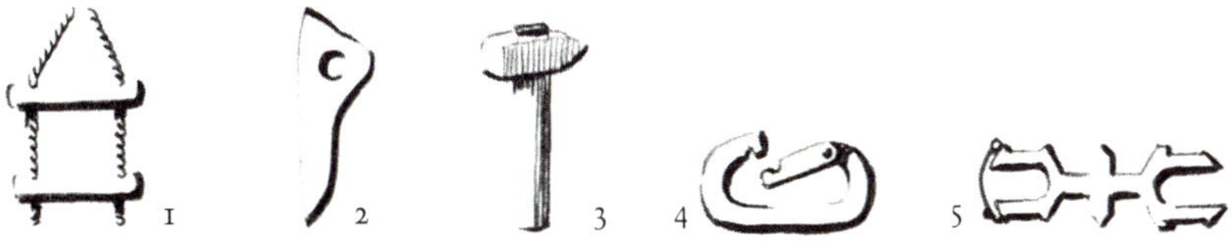

Wichtige Ausrüstungsgegenstände für den Bergsteiger: 1 Strickleiter, 2 Haken, 3 Hammer, 4 Karabiner, 5 Steigeisen

Bergsport. Beim *Bergwandern* werden noch Wege oder Pfade benutzt, um leichter zugängliche Gipfel zu besteigen. Das Ziel der eigentlichen *Hochtouristik* hingegen ist der Kampf mit den höchsten Bergen und den schwierigsten Zugängen zu ihnen. Um Fels- und Eiswände, durch die kein Weg führt, zu bezwingen, muß man sehr gut klettern können und entsprechend ausgerüstet sein. Meist tun sich zwei oder drei Bergkameraden zusammen und bilden eine *Partie* oder *Seilschaft*. In den schwer besteigbaren Wänden kommt man ohne Hilfsmittel nicht aus. Man braucht zur Überwindung besonders schwieriger Stellen und zur Sicherung gegen Absturz Bergseil, Mauerhaken, Kletterschuhe, im Eis noch Steigeisen, Eishaken und Eispikkel. Für ihren Gebrauch hat sich eine eigene Fels- und Eistechnik entwikkelt, die man sich nur durch jahrelange Übung aneignen kann. Klettern ist eine verhältnismäßig junge und gefährliche Sportart, die Mut und Umsicht erfordert. Erfahrung und eine gute Ausrüstung sind unumgängliche Voraussetzungen. Wer sich leichtsinnig den Gefahren der Berge aussetzt, gefährdet nicht nur sein eigenes Leben, sondern auch das seiner Kameraden und das der Rettungsmannschaften.

Bekannte Berge und ihre Höhe

Asien	*Land, Gebirge*	*Höhe*
Mount Everest	Nepal, Himalaja	8848 m
Godwin Austen	Kaschmir, Karakorum	8611 m
Kantschindschunga	Nepal, Himalaja	8579 m
Nanga Parbat	Indien, Himalaja	8126 m
Elbrus	Sowjetunion, Kaukasus	5633 m
Fudschijama	Japan	3776 m
Amerika		
Aconcagua	Argentinien, Anden	6958 m
Chimborazo	Ecuador, Anden	6272 m
Mount McKinley	USA, Alaskagebirge	6229 m
Popocatepetl	Mexiko	5452 m
Afrika		
Kibo	Tansania, Kilimandscharo	5895 m
Mawensi	Tansania, Kilimandscharo	5270 m
Australien		
Mount Kosciuszko	Australien, Austral. Alpen	2230 m
Ozeanien		
Carstensz-Spitze	Westirian, Nassaugebirge	5030 m
Antarktis		
Executive Committee Range	Marie-Byrd-Land	6100 m
Europa		
Montblanc	Frankreich, Savoyer Alpen	4810 m
Monte Rosa	Schweiz, Walliser Alpen	4634 m
Weißhorn	Schweiz, Walliser Alpen	4505 m
Matterhorn	Schweiz, Walliser Alpen	4477 m
Jungfrau	Schweiz, Berner Alpen	4158 m
Ortler	Italien, Rätische Alpen	3899 m
Großglockner	Österreich, Hohe Tauern	3797 m
Wildspitze	Österreich, Ötztaler Alpen	3774 m
Mulhacén	Spanien, Sierra Nevada	3478 m
Zugspitze	Deutschland, Wettersteingebirge	2963 m
Watzmann	Deutschland, Bayerische Alpen	2713 m
Rigi	Schweiz	1800 m
Schneekoppe	Deutschland, Riesengebirge	1603 m
Feldberg	Deutschland, Schwarzwald	1493 m
Vesuv	Italien	1277 m
Brocken	Deutschland, Harz	1142 m

Wichtigste Erstbesteigungen: Montblanc 1786, Jungfrau 1811, Zugspitze 1820, Matterhorn 1865, Chimborazo 1880, Mount Everest und Nanga Parbat 1953.

Phantastische Zahlen

.Unbekannter Verfasser

Siebzig Jahre – das ist ein ganz schönes Alter. Wie oft mag in dieser Zeit das Herz eines Menschen schlagen? Rechnen wir es einmal aus. Das Herz schlägt etwa 70 mal in einer Minute, also 4200 mal in der Stunde und 100 800 mal am Tag. Das macht 36 792 000 Schläge im Jahr und über 2,5 Milliarden Schläge in 70 Jahren. In Wahrheit sind es wohl sogar noch mehr, denn in der Kindheit und bei größeren Anstrengungen schlägt das Herz ja schneller.

Wenn man alle Adern im menschlichen Körper aneinanderreihen könnte, müßte das doch eine ganz schön lange Leitung ergeben, nicht wahr? Das kann man wohl sagen; sie wäre nämlich 20 000 Kilometer lang.

Während beispielsweise eine Krähe pro Sekunde vier Flügelschläge macht, fliegt der Kolibri im „Schwirrflug"; nicht weniger als 50 mal schlagen seine Flügel in jeder Sekunde auf und nieder. Eine Mücke bringt es

sogar auf 295 Schläge. Auf diese Weise erzeugt sie auch den hohen Summton während des Fluges. Die Biene fällt dagegen mit knapp 200 Schlägen pro Sekunde etwas ab.

Die Fliege hat viele Feinde; zahllose Vögel, Frösche, Spinnen stellen ihr nach. So muß sie sich tüchtig vermehren, wenn ihre Art nicht aussterben soll. Und das tut sie denn auch. Die ganze Entwicklung vom Ei zur Fliege dauert weniger als zehn Tage, und schon eine Woche nach dem Schlüpfen legen die Weibchen neue Eier. Wie viele Nachkommen würde demzufolge eine Fliege in der Zeit von – nun, sagen wir einmal: April bis August haben, also innerhalb von fünf Monaten, wenn sie sich ungehindert vermehrte? Rate erst gar nicht, du triffst es doch nicht. Es sind nicht weniger als 191 010 000 000 000 000 000, also 191 Trillionen 10 Billiarden.

Nur noch eine „ganz einfache" Frage: Wie alt ist die Welt? Vor wenigen Jahrhunderten meinten kluge Leute noch: 6000 Jahre. Inzwischen weiß man es etwas besser. Auf Grund genauer Beobachtungen und scharfsinniger Überlegungen haben die Astronomen herausgefunden, daß das Alter der Welt etwa 10 bis 13 Milliarden Jahre beträgt. Dagegen ist die Sonne noch jung. Sie hat erst gut 4 Milliarden Jährchen auf dem Buckel. Möge sie uns noch lange scheinen.

Noch ein paar Zahlen über die Sonne gefällig? An ihrer Oberfläche mißt man eine Temperatur von 6000 Grad. Ziemlich kühl, wenn man bedenkt, daß im Innern über 10 Millionen Grad herrschen.

REGENS
BURG

DONAU
Weinlände
Keplerstraße
Goldene Bären Straße
Thundorferstraße
Am Römling
Weingasse
Baumhackergasse
Rathausplatz
Kohlenmarkt
Goliathstraße
Am Watmarkt
Kreuterermarkt
Unter den Schwibbögen
Domgarten
Kramgasse
Haidplatz
Vor der Grieb
Hinter der Grieb
Rote-Hahnen-Gasse
Untere Bachgasse
Wahlenstraße
Tändlergasse
Residenzstraße
Domplatz
Alter Kornmarkt
Erhardigasse
Pflugg.
Glockengasse
Gesandtenstraße
Gutenberg-platz
Neupfarrplatz
Plauengasse
Speichergasse
Schwarze Bären Straße
Dachau platz
Am Ölberg
Dänzergasse
Spiegelgasse
Obere Bachgasse
Pfarrergasse
Malergasse
Weisse-Lilien-Gasse
Weissbräuhausgasse
Schäffnerstraße
Silberne Fischgasse
Blaue Stern Gasse
Königstraße
Alte Manggasse
Obermünsterstraße
Marschallstraße
Jesuiten Platz
Fröhliche Türkenstraße
Grasgasse
Maximilianstraße
Emmeramsplatz
St. Petersweg
1
2
3
4
5
6
7
8
9
10
11
12
13
14
15
16
17
18
19
20
21
22
23
24
25
26
27
28
29
30
32
33
34
35
36
37
38
39

Hauptsehenswürdigkeiten im Altstadtkern
◁ zu nebenstehendem Stadtplan

1 Dom mit Allerheiligenkapelle und Stephanskirche (Führungen). **2** Niedermünsterkirche mit Ausgrabungen (Führungen). **3** Karmelitenkirche St. Josef, 1660–73. **4** Alte Kapelle, urspr. Burgkapelle der Agilolfinger. **5** Herzogshof mit spätromanischem Pfalzsaal. **6** Römerturm, ehem. Wehrturm und Schatzkammer. **7** Ulrichskirche, um 1230. **8** Stiftskirche St. Johann, Ende 14. Jh. mit „Schöner Maria" v. Albrecht Altdorfer. **9** Bischofshof, ehem. Bischöfl. Palais. **10** Haus Heuport, Patrizierhaus, 14. Jh. **11** Baumburger Turm, Patrizier-Turmhaus, Mitte 13. Jh. **12** Goldener Turm, höchster Patrizierturm, um 1260. **13** Kastenmayerhaus, Mitte 13. Jh. **14** Neupfarrkirche, Anfang 16. Jh., seit 1542 evang. **15** Ehem. Kursächsische Gesandtschaft, Rokokopalais, 1733. **16** Dreieinigkeitskirche, originaler evang. Kirchenbau, 1627–1631. **17** Hinter der Grieb, mittelalterlicher Straßenzug mit Patrizierburgen. **18** Neue Waag, gotisches Turmhaus mit Arkadengängen von 1575. **19** Goldenes Kreuz, ehem. berühmtes Gasthaus und Kaiserherberge/Thon Dittmer-Haus. **20** Altes Rathaus mit Reichssaal und Fragstatt (Führungen). **21** Kepler-Gedächtnishaus, Sterbehaus des Astronomen. **22** Runtingerhaus, Patrizierhaus. **23** Steinerne Brücke, 1135–46. **24** Brücktor. **25** Salzstadel/Historische Wurstküche. **26** Goliathhaus, Patrizierhaus mit Renaissance-Gemälde. **27** Porta Praetoria, ehem. Nordtor vor Castra Regina. **28** „Zum Walfisch", hist. Gasthaus. **29** Nordostecke von Castra Regina. **30** Erhardi-Krypta, 2. Hälfte 10. Jh. (Schlüssel Kolpinghaus). **31** Ehem. Minoritenkloster mit Minoritenkirche (jetzt Stadtmuseum). **32** Römermauer, 56 m langes, 1972 freigelegtes Teilstück. **33** Südostecke von Castra Regina. **34** Kepler-Monument. **35** Fürst-Carl-Anselm-Obelisk. **36** Obermünsterturm, frühromanische Obermünsterkirche wurde 1944 bombenzerstört. **37** St. Kassian, älteste Pfarrkirche in Regensburg. **38** St. Emmeram, Kirche des ehem. bedeutenden Benediktinerklosters (Führungen). **39** Fürstlich Thurn und Taxissches Schloß, ehem. Kloster St. Emmeram mit Kreuzgang, Fürstengruft. Marstallmuseum (Führungen).

Nummer 1–27 = kleiner Stadtrundgang, ca. 1½ Std.
1–39 = erweiterter Rundgang, ca. 2½ Std; großer Rundgang (sowie nicht im Plan aufgeführte Sehenswürdigkeiten) siehe Stadtplanprospekt.

Regensburg

Zweitausend Jahre Geschichte sind schaubar, Entwicklungen über Jahrhunderte werden deutlich. Als „eine der wenigen natürlichen Hauptstädte" wird Regensburg von der deutschen Geschichtsschreibung bevorzugt: „. . . ist zur festen Hauptstadt dieses Volkes geworden" (Arbeo, 765) „. . . ist alt und neu zugleich . . . ist die erste unter allen großen Städten" (Otloh um 1050) und das Selbstverständnis der Stadt zehrt von dieser Bevorzugung bis in die Neuzeit hinein.

Regensburg, als keltische Siedlung Radasbona, als Römerfestung Castra Regina, wird erste bayerische Hauptstadt, dann Königsstadt und – nahezu sechshundert Jahre – einzige freie Reichsstadt in Altbayern, und schließlich Sitz des „Immerwährenden Reichstags". 1810 kommt es wieder zu Bayern und hat, über die Eigenschaften einer Provinzhauptstadt hinaus, damals nur noch für den gebildeten Reisenden Bedeutung.

Romantische Straße

Hanns Mayer

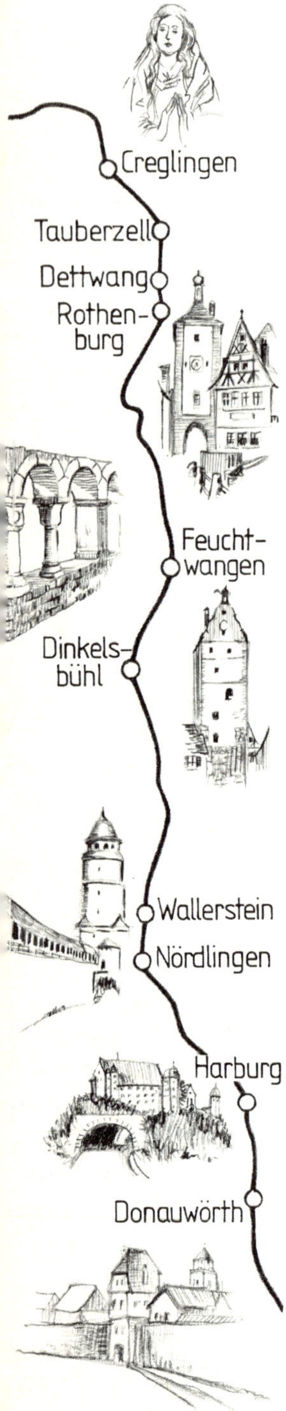

Ein Versuch war es zunächst, ein guter Gedanke des Schwaben Dr. Wegele in Augsburg, einem alten Verkehrsweg einen Namen zu geben und damit dem Fremdenverkehr von Würzburg bis Füssen Auftrieb zu verleihen. Und siehe da: Der Name wurde rasch zu dem festen Begriff ,,Romantische Straße". Ein Zauberwort war es und spricht dennoch nicht alles aus, was diese 377 km lange Touristenstraße an Landschaftsidyllen und Kunstdenkmälern bietet. Denn der Weg von Würzburg bis zu den Alpen ist an Städtebildern, Burgen, Schlössern, Kirchen und Klöstern ungemein reich. Wer diese Straße, besser den ganzen Raum, kennenlernen will, dem sei als Leitspruch auf den Weg gegeben: Eile mit Weile! Landschaft wie Kunst wollen erfaßt, innerlich aufgenommen sein, wenn sie beglücken sollen. Ein anderer Hinweis sei gestattet: Städte kennenzulernen ist gut, besser noch ist es, auch die Landschaft ringsum mit in den Reiseweg einzubeziehen. So zeigt uns dieser Weg von Nord nach Süd das gastfrohe Frankenland, das Gebiet der Bocksbeutelweine um Würzburg, das liebliche Taubertal um Bad Mergentheim und Rothenburg, das zugleich ein Teil des barocken ,,Madonnenländchens" ist. Nach Westen hin dehnt sich das burgen- und schlösserreiche Hohenloher Land, und nur 20 km von Dinkelsbühl entfernt liegt die einst ,,Geistliche Residenzstadt" Ellwangen mit der Schönenbergkirche, von Nördlingen ist es nur noch einen Sprung zu Balthasar Neumanns Meisterwerk: Kirche und Kloster Neresheim. Die Donaustädtchen zwischen Ulm und Donauwörth seien nicht vergessen, wenn wir uns in das ganze Gebiet vertiefen wollen. Auch Augsburg hat eine reizvolle Umgebung, und wenn die Fahrt durch die Schotterebene des Lechtals, das einstige Schlachtfeld von europäischer Bedeutung, langweilen sollte: ein Abstecher zu dem niedlichen Kloster Lechfeld mit seinem Kuppelbau von Elias Holl lohnt sich. Hinter Landsberg kommen wir in das Gebiet des Pfaffenwinkels – ein Name, der ihm bereits in vorreformatorischer Zeit nach der allgemein gebräuchlichen und durchaus ehrenwerten Bezeichnung für Geistliche gegeben wurde.

Marienplatz München

Hans Roth

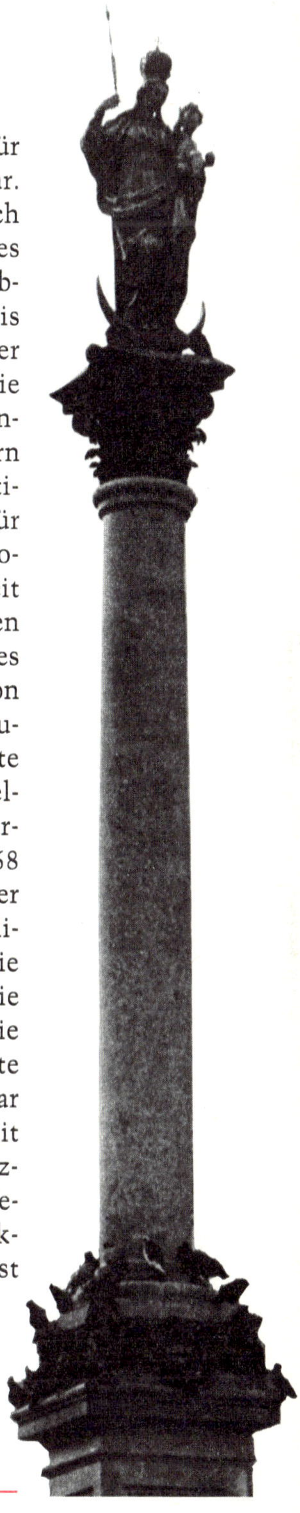

Der Marienplatz läßt noch heute jene Kreuzung erkennen, die für die wirtschaftliche Entwicklung der Stadt so ausschlaggebend war. Nahe bei St. Peter, dem wohl ältesten Siedlungsplatz, wurde durch Jörg von Halsbach ab 1470 das Rathaus erbaut, das heute als „Altes Rathaus" bezeichnet wird und den Platz nach Osten hin abschließt. Der 1940 zerstörte alte Rathausturm wurde von 1971 bis 1974 vorwiegend mit Spenden der Münchner Bürgerschaft in seiner ursprünglichen Form von 1493 wieder aufgebaut (Höhe 56 m). Die zwei übergroßen Torbogen des Saalgebäudes, durch die der Straßenverkehr führt, sind Zugeständnisse der neueren Zeit und verändern die Proportionen[1] des in seinen Maßen ausgewogenen spätgotischen Baues nachteilig. Der erste Stock diente als Tanzsaal und für repräsentative[2] Anlässe. Erasmus Grasser schnitzte dafür seine Moriskentänzer, die im reich ausgetäfelten Saal eine stilvolle Einheit von Architektur und Ausstattung ergaben, wie sie selten für einen profanen[3] Raum aus dieser Zeit zu finden war. – Die Nordseite des Platzes wird beherrscht von dem zwischen 1867 und 1908 von Georg Hauberrisser in Anlehnung an die flandrische Gotik erbauten Neuen Rathaus mit dem 80 m hohen Turm, der das viertgrößte Glockenspiel Europas birgt. Täglich um 11 Uhr werden im Spielwerkserker zwei stadtgeschichtliche Szenen dargestellt: das Turnier bei der Hochzeit Wilhelms V. mit Renata von Lothringen 1568 (oben) und der Schäfflertanz (unten). Ein vernehmbar krähender Hahn bildet jeweils den Abschluß dieser figurenreichen beweglichen Vorstellung. – Ein weiterer Blickfang ist die Mariensäule, die Kurfürst Maximilian I. 1638 zum Dank dafür errichten ließ, daß die Schweden die Städte München und Landshut verschont hatten. Die 2,15 m hohe, auf einer Manolithsäule stehende Bronzefigur dürfte um 1598 entstanden sein und befand sich ehemals im Hochaltar der Frauenkirche; sie wird dem Niederländer Hubert Gerhart mit ziemlicher Sicherheit zugeschrieben; es ist eine feingliedrige Erzplastik, hoheitsvoll im Ausdruck und von antiker Schönheit. Wesentlich bewegter sind die kämpfenden Heldenputti[4] auf den Eckpfeilern der Balustrade[5], die als Allegorien von Hunger, Krieg, Pest und Ketzerei gelten.

---

[1] Proportionen: Größenverhältnisse
[2] repräsentativ: Würdig, stattlich; hier: festlich
[3] profan: Weltlich
[4] Putte: Kleine Engelsfigur; Mehrzahl Putti oder Putten
[5] Balustrade: Brüstung, Geländer

Von Reichsstadt zu Reichsstadt auf der Route Nürnberg–Rothenburg–Dinkelsbühl

Jürgen E. Rohde

Ein Stück „Burgenstraße" und ein Teil der langgestreckten „Romantischen Straße" sind hier zu einer interessanten und abwechslungsreichen Fahrt zusammengefaßt, die in Mittelfranken von der Regnitz ins Tauber- und Wörnitztal hinüberführt und südlich von Dinkelsbühl dann Anschluß gewinnt an die Route, welche durch Bayerisch-Schwaben und das westliche Oberbayern ins Allgäu zieht.

Die Burgenstraße verbindet Nürnberg genaugenommen weit über Bayerns Grenzen hinaus durch Hohenloher Land, an Kocher und Jagst entlang bis ins Neckartal mit Heidelberg und Mannheim. – Mit Burg und fünf Kilometer langer tor- und turmreicher Stadtmauer, mit beachtlichen Kirchen, dem Albrecht-Dürer-Haus und vielen bedeutenden Museen ist Nürnberg hier der geeignete Ausgangspunkt für eine Reise, die vielerorts Rückblicke in die stolze Vergangenheit der alten Reichsstädte gewährt.

Die zweitgrößte bayerische Stadt über die Regnitz nach Südwesten auf der B 14 verlassend, gelangt man auf der Burgenstraße bald nach Heilsbronn, in dessen romanischer Münsterkirche wir die größte Grabanlage der Hohenzollern finden. Durch den großen Klosterforst geht die Fahrt weiter nach Ansbach an der Fränkischen Rezat. Mittelpunkte der einstigen markgräflichen Residenz und heutigen Bezirkshauptstadt von Mittelfranken sind das Barockschloß und der stilvolle Hofgarten mit Orangerie. Alle zwei Jahre feiert man hier, wo – der profane Abstecher ins Kulinarische sei erlaubt – als besondere Spezialität die Ansbacher Bratwürste auf der Speisekarte stehen, im Wechsel mit der internationalen Bachwoche festliche Rokokospiele.

Nach Nordwesten folgt die Burgenstraße jetzt dem Rezattal bis Lehrberg, einem Ort mit 900jähriger Geschichte, über dem die Ruine der St.-Jost-Kapelle thront. Ein Abstecher lohnt sich von hier nordwärts zur Burg Virnsberg, einer ehemaligen Deutschordensburg, bevor wir nach Westen abbiegen und damit zur Burg Colmberg kommen; ein Besuch der hochgelegenen (510 m) und fast ohne spätere Anbauten vorzüglich erhaltenen mittelalterlichen Abschnittsburg ist empfehlenswert, zumal hier auch Restauration und Übernachtungsmöglichkeit besteht. Weiter geht es nun direkt

zur weltberühmten Stadt Rothenburg ob der Tauber. Sie ist – das kann man wohl ohne Übertreibung sagen – als Ganzes ein Denkmal besonderer Art, dessen Kirchen und Bürgerhäuser im Schutze eines geschlossenen Mauerkranzes dicht beieinanderstehen.
Schon im 11. Jahrhundert war Rothenburg ein Angelpunkt der Geschichte der Staufen-Kaiser. Seine Blütezeit als Freie Reichsstadt (1274–1802) aber lag wohl vor allem im 16. Jahrhundert. Das Renaissance-Rathaus ist noch heute ein beredtes Zeugnis für diese Zeit. Vor seiner Prachtfassade wird alljährlich das historische Festspiel „Der Meistertrunk" aufgeführt. Die Sehenswürdigkeiten der hoch über dem Taubertal („ob der Tauber") gelegenen Altstadt einzeln aufführen zu wollen, wäre vergebliche Mühe, denn innerhalb des Wehrganges mit seinen vielen Toren und Türmen ist einfach alles sehenswert.
Während die Burgenstraße von Rothenburg nun nach Westen ins Nachbarland Baden-Württemberg hinüberwechselt, gehen wir auf Südkurs und folgen jetzt der „Romantischen Straße", die 1950 von dem Augsburger Touristiker Ludwig Wegele als Fremdenverkehrsattraktion erdacht wurde; das Bestreben, sie mit speziellen Hinweisschildern oder auch nur einer Symbolmarkierung zu kennzeichnen, scheitert seit mehr als 20 Jahren am laut wiehernden Amtsschimmel. – Etwas abseits der Hauptstraße, aber als Abstecher leicht zu erreichen, liegt Schloß Schillingsfürst; zur Zeit Kaiser Ottos III. um das Jahr 1000 bereits eine mächtige Burg, wurde es von 1723 bis 1750 als Barockschloß neu erbaut. Die prachtvollen Innenräume können besichtigt werden.

*

Sommersonntag in der Stadt

Georg Britting

Leer sind die Straßen im Sonntagswind,
Die Menschen hat es ins Freie getrieben,
Nur die weißen Wolken sind
Treu über der Stadt geblieben.

Die Häuser stehen wie unbewohnt,
Alles sucht draußen das Glück:
Einen Weg durch den Wald, einen Fußpfad durchs Korn,
Eine Stunde im Dorf, einen Rittersporn,
In der kühlschwarzen Schlucht einen silbernen Born,
Von der Welt ein glänzendes Stück!

Und kommen die Schatzsucher abends zurück,
Bestaubt und vom Sehen satt,
Hängt zwischen den Dächern der goldene Mond
Unbeachtet über der Stadt.

*

Im Auto über Land

Erich Kästner

An besonders schönen Tagen
ist der Himmel sozusagen
wie aus blauem Porzellan.
Und die Federwolken gleichen
weißen, zart getuschten Zeichen,
wie wir sie auf Schalen sahn.

Alle Welt fühlt sich gehoben,
blinzelt glücklich schräg nach oben
und bewundert die Natur.
Vater ruft, direkt verwegen:
„N' Wetter, glatt zum Eierlegen!"
(Na, er renommiert wohl nur.)

Und er steuert ohne Fehler
über Hügel und durch Täler.
Tante Paula wird es schlecht.
Doch die übrige Verwandtschaft
blickt begeistert über die Landschaft.
Und der Landschaft ist es recht.

Um den Kopf weht eine Brise
von besonnter Luft und Wiese,
dividiert von viel Benzin.
Onkel Theobald berichtet,
was er alles sieht und sichtet.
Doch man sieht's auch ohne ihn.

Den Gesang nach Kräften pflegend
und sich rhythmisch fortbewegend
strömt die Menschheit durchs Revier.
Immer rascher jagt der Wagen.
Und wir hören Vatern sagen:
„Dauernd Wald, und nirgends Bier."

Aber schließlich hilft sein Suchen.
Er kriegt Bier. Wir kriegen Kuchen.
Und das Auto ruht sich aus.
Tante schimpft auf die Gehälter.
Und allmählich wird es kälter.
Und dann fahren wir nach Haus.

Heeweater

Alois Sailer

Des dumme Hee hot viele Mucka.
Es wägst bloß als a Gras.
Dromm muaß ma nochm Weater gucka,
denn ds Hee verträgt et naß.

Ma mäht wia wild ond kommt zom Schwitza.
Loßt dörra broit des Sach.
Doch noch zwoi Däg deant d Wolka schpritza
ond fuiran zamm mit Krach.

Dia Zeitong schreibt: „Es weard mea heller!"
Ond oh dr Boirwed schtreicht.
Dromm schlägt mas romm, a jedesmol schneller.
Wenns will, noch gings no leicht.

Am liabschta dät ma d Wolka schprenga.
Ma wörgelt alte Schprüch.
Do heart ma koine Baura senga,
bei solle Wolkabrüch.

Ja send dia Deifel alle lede,
ond färban ds Hee ganz roat?
Oh Hemmel hilf doch, dia Komöde.
Dear Örger macht oin doat.

Des Hee sott halt glei ferte wagsa,
noch gäbs koi roata Schtree.
Ond neamats mußt of ds Weater daxa
om jedas Wischle Hee.

Zom Glick muaß koir des Zuig aufessa.
D'sell wär de greaßer Noat.
Des Rendvich soll dia Scheama fressa,
obs blo send oder roat.

Der Hirtenknabe von Franz von Lenbach

Auch ein Urlaubs-ABC

Alfons Schweiggert

Autofahren
Baden
Camping
Dick werden
Essen
Fotografieren
Geldausgeben
Hitzewelle
Insektenstiche
Johlende Kinder
Kurpromenade
Lärm
Menschenmassen
Nichts tun
Omnibusse
Postkartenschreiben
Quartier suchen
Ruhe
Sonne
Träume
Unfälle
Verregnete Tage
Warteschlangen
X-mal wandern
Y-mal sich ärgern
Zu Hause!

Ferienpläne

James Krüss

Ich habe mir ein Rad erspart,
Ein Rad mit Tachometer,
Es ist von ganz moderner Art,
Ich fahr damit auf Ferienfahrt,
Und mit mir fährt der Eberhard
Und außerdem der Peter.

Der Peter hat ein Dreierzelt,
Drin schlafen wir bei Nacht.
So brauchen wir kein Herbergsgeld,
Und wenn uns wo ein Platz gefällt,
Dann wird das Zelt dort aufgestellt,
Und dann wird Rast gemacht.

Ein Paddelboot ist auch dabei
(Von Eberhards Familie).
Auch Decken für uns alle drei
Und Töpfe für Kartoffelbrei,
Den koch ich selber ohne Scheu
mit Dill und Petersilie.

Nun kommen unsre Ferien bald.
Am Samstag wolln wir starten.
Wir starten bei der Gasanstalt.
Wir fahren in den Tannenwald,
Wir fahren ohne Aufenthalt.
Ich kann es kaum erwarten.

Themen und Motive

Das nachfolgende Verzeichnis nennt Themen und Motive, denen die Texte des Lesebuches von ihrem Inhalt her zugeordnet werden können. Einzelne Texte können dabei auch mehreren Themen und Motiven zugeordnet sein.

Familie

Heimat und Welt

Vergangenheit und Geschichte

Jahreszeiten und Jahreslauf

Natur und Umwelt

Freizeit – Spiel – Abenteuer

Arbeit und Beruf

Technik und Wissenschaft

Spaß und Humor

Quellenverzeichnis

Adamson: Das Zahnziehen. Aus: Goldenes Lachen. 60 heitere Bilderserien. Dr. Eysler, Berlin S. 76

Arbeitskreis für Jugendliteratur: Das Buch der Jugend '79 S. 122 f.

Bichsel, Peter: Erklärung. Aus: Eigentlich möchte Frau Blum den Milchmann kennenlernen. Walter Verlag, Olten/Freiburg. 1966 S. 86

Böhm, Willibald: Die wilde Jagd am Main. Aus: Leiderer/Weitnauer (Hrsg.): Mein Sagenbuch. Bayer. Schulbuch-Verlag, München S. 52 f.

Brehm, Alfred: Die Katze. Aus: Ludwig Koch-Isenburg (Hrsg.): Der Jugend-Brehm. Kreuz, Stuttgart. 1957, 4. Aufl. S. 153 ff.

Britting, Georg: Die Sonnenblume. Aus: Gedichte 1919–1939. Nymphenburger, München. 1957 S. 82

Britting, Georg: März. Aus: Gedichte 1919–1939. Nymphenburger München. 1957 S. 90

Britting, Georg: Der Böhmische Wald. Aus: Gesamtausgabe in Einzelbänden. Nymphenburger, München. 1958 S. 96

Britting, Georg: Sommersonntag in der Stadt. Aus: Aus dem Nachlaß. Nymphenburger, München S. 180

Carossa, Hans: Was einer ist. Aus: Gesammelte Gedichte 1950. Insel Verlag, Frankfurt S. 71

Carstensen, Richard: Daidalos und Ikaros. Aus: Griechische Sagen. Ensslin und Laiblin, Reutlingen. 1954 S. 50 ff.

Conrads, Dieter: Feuer – der große Fortschritt. Aus: Verblüffende Rekorde der Urmenschen. Franz Schneider, München. 1977 S. 160 f.

von **Eichendorff**, Joseph: Winternacht. Aus: Wolfdietrich Rasch (Hrsg.): Werke. Hanser, München S. 86

Endrös-Weitnauer: Der Memminger Basilisk. Aus: Leiderer/Weitnauer (Hrsg.): Mein Sagenbuch. Bayer. Schulbuch-Verlag, München S. 63

Erdmann, Herbert: Das Abenteuer der Sandspringer. (Ausschnitt) Auer, Donauwörth S. 111 ff.

Erhardt, Heinz: Drei Bären. Aus: Das große Heinz Erhardt Buch. Fackelträger, Hannover. 1970 S. 105

Goethe, Johann Wolfgang: Gefunden. Aus: Goethes Werke, Band 1. Standard Verlag, Hamburg S. 98

Gomringer, Eugen: Wind. Aus: Konkrete Poesie. Reclam, Stuttgart. 1972 S. 106

Guggenmos, Josef: Das Gewitter. Aus: Sieben kleine Bären. Bitter Verlag, Recklinghausen. 1971 S. 159

H., W.: Phantastische Zahlen. Aus: Das große Jugendbuch 6. Folge. Verlag DAS BESTE, Stuttgart S. 171 f.

Hagelstange, Rudolf: Sommerliches Gebet. Aus: Strom der Zeit – Gedichte. Insel Verlag, Frankfurt. 1948 S. 94

Halbey, Hans A.: Kommt ein Tag in die Stadt. Aus: H.-J. Gelberg (Hrsg.): Die Stadt der Kinder. Bitter Verlag, Recklinghausen. 1969 S. 104

Hanisch, Hanna: An einem Tag. Aus: Die Kinderfähre. Union Verlag, Stuttgart. 1972 S. 101

Hebel, Johann Peter: Kannitverstan. Aus: O. Behaghel (Hrsg.) Hebels Werke, 2. Teil. Berlin/Stuttgart S. 16 f.

Hechtlinger, Adelaide: Der unverwüstliche Löwenzahn. Aus: Reader Digest Jugendbuch, Band 17. Verlag DAS BESTE, Stuttgart S. 156 ff.

Heinz-Mohr, Gerd: Urteil im Gewitter. Aus: Das Zeichen 7–8/72. Lahn Verlag, Limburg S. 20 ff.

von Heiseler, Bernt: Barbarazweig. Aus: Spiegel im dunklen Wort. Ehrenwirt, München S. 83

Heym, Georg: Der Herbst. Aus: Dichtungen und Schriften 1964. Ellermann, München S. 82

Heidemann, Heide: Hikostam. Quelle unbekannt. S. 25

Hochmuth, Karl: Kiliani. Aus: Würzburg in Sagen, Gedichten und Berichten. Michler, Würzburg. 1977 S. 99

Hürlimann, Ernst: Die zwölf wichtigsten Baderegeln. © by Ernst Hürlimann S. 74

Jandl, Ernst: Lichtung. Aus: Laut und Luise. Walter, Olten/Freiburg. 1966 S. 41

Jandl, Ernst: fünfter sein. Aus: Der künstliche Baum. Luchterhand, Neuwied. 1970 S. 106

K.: Bildwitz. Aus: Schülermagazin treff 3/79. Velber Verlag, Seelze S. 75

Kästner, Erich: Emil und die Detektive. (Ausschnitt). Dressler, Berlin/Atrium, Zürich S. 131 ff.

Kästner, Erich: Im Auto über Land. Aus: Doktor E. Kästners lyrische Hausapotheke. Dressler, Berlin/Atrium, Zürich S. 181

Kirst, Werner: Torsten liest die Zeitung – immer mit der Schere. Aus: Die Zeitung. Deutsche Verlags-Anstalt, Stuttgart S. 144 f.

Kleberger, Ilse: Sommer. Aus: H.-J. Gelberg (Hrsg.): Die Stadt der Kinder. Bitter Verlag, Recklinghausen. 1969 S. 95

Klotz, Ernst: Der Heuschreck. Quelle unbekannt S. 41

Könemund, Gisela: Strickclub, Folge 7. Aus: Neue Stafette 11/77. Sailer Verlag, Nürnberg S. 151

Konrad, Michael Georg: Mara Motter. Aus: Fränkische Mundartgedichte aus zwei Jahrhunderten. Frankenbund. 1957 S. 92

Krischker, C. Gerhard: Manchmoll. Aus: a dooch wi brausebulfa. Gedichte im Bamberger Dialekt. G. D. Krischker Verlag, Bamberg. 1977 S. 103

Krüss, James: Ferienpläne. Aus: Der wohltemperierte Leierkasten. Bertelsmann, Gütersloh. 1961 S. 184

Küther, Kurt: Im Maschinensaal. Aus: Bachmann/Chiout/Steffens (Hrsg.): Klang, Reim, Rhythmus. Hirschgraben, Frankfurt. 1972 S. 104

Kutschera, Chr.: Die Zauberflöte. Quelle unbekannt S. 57 ff.

Laßwitz, E.: Schlüssel einer „Schablonen"-Geheimschrift Runenschrift. Aus: Schrift und Schreiben. Orion Buch 14/1948. Lux, Murnau S. 77

Löns, Hermann: Am Murmeltierbau. Aus: Das dicke Hermann Löns Buch. Engelbert Verlag, Balve. 1978 S. 34 ff.

Mayer, Hanns: Romantische Straße. Aus: Zwischen Main und Alpen. Süddeutschland farbig. DRW-Verlag, Stuttgart S.176

Mayer, Josef Maria: Der Teufel in der Frauenkirche. Aus: Leiderer/Weitnauer (Hrsg.): Mein Sagenbuch. Bayer. Schulbuchverlag, München S. 61

Mirus, Ludmilla: Tiere, die uns begegnen. (Ausschnitt) Auer, Donauwörth S. 124 ff.

Mörike, Eduard: Er ist's. Aus: H. G. Göpfert (Hrsg.): Gesammelte Werke. Hanser, München. 158, A. Aufl. S. 90

Morgenschweis, Fritz: Da Zaunkini. Aus: Zammglaabt. Oberpfälzer Mundartdichtung heute. Pustet, Regensburg. 1977 S. 98

Müller, Rüdiger: Die rufende Flöte. Aus: R. Müller/Susanne von Schroeter (Hrsg.): Gelber Drachen – rufende Flöte. Herder Freiburg 1977, 2. Aufl. S. 14 f.

von Münchhausen, Börries: Heller Morgen. Aus: Das Liederbuch. Deutsche Verlagsanstalt, Stuttgart S. 83

Preetorius, Johanna: Spielanleitung: Domino. Aus: Knaurs Spielbuch. Droemer, München/Zürich. 1953 S. 148

Purgstall, Hammer: Geizhälse. Quelle unbekannt S. 37 f.

Reichardt, Hans: Vom Umgang mit Briefmarken. Aus: Briefmarken. Neuer Tessloff Verlag, Hamburg. 1973 S. 145 ff.

Reltis: Die steinerne Brücke zu Regensburg. Aus: L. Schwab (Hrsg.): Regensburg – Heimat und Welt. Mittelbay. Druckerei- und Verlagsgesellschaft, Regensburg. 1950 S. 56 f.

Rilke, Rainer Maria: Das Karussell. Aus: Sämtliche Werke. Insel Verlag, Frankfurt. 1961 S. 100

Ringseis, Franz: Iglu. Aus: Durch d'Wand spuit a Klavier. Ehrenwirth, München. 1969 S. 87

Rohde, E. Jürgen: Von Reichsstadt zu Reichsstadt auf der Route Nürnberg – Rothenburg – Dinkelsbühl. Aus: Freizeitland Bayern. Verlag Ringser, München/Zürich S. 178 f.

Rosegger, Peter: Ein bißchen mehr Friede. Aus: Werke. Staackmann, München S. 71

Roth, Eugen: Der Bumerang. Quelle unbekannt. S. 105

Roth, Hans: Marienplatz. Aus: Roth/Groth (Hrsg.): Schmachtenberg. Pannonia, Freilassing. 1971 S. 177

Sailer, Alois: Heeweater. Aus: Wallfahrt und Doaraschleah. Anton H. Konrad Verlag, Weißenhorn. 1977 S. 182

Schäuffelen, Konrad B.: umulrum. Aus: Raus mit der Sprache. Suhrkamp, Frankfurt. 1969 S. 106

Scholz, Hugo: Alte Bauernregeln in neuer Fassung. Aus: Riesengebirgskalender 1974. Preußler, Nürnberg S. 48

Schröder, Rudolf A.: Zur stillen Nacht. Aus: Gesammelte Werke. Suhrkamp, Frankfurt/M. S. 84

Schütz, Gisela: Die Neue. Quelle unbekannt. S. 23 f.

Schulz, Charles M.: Charlie Braun. Aus: Charlie Braun. Das dritte große Peanuts-Buch. Aar Verlag, Wiesbaden 3/1980, S. 86

Schweiggert, Alfons: Auch ein Urlaubs-ABC. Aus: Seht, wie die Zeit vergeht. Beltz-Verlag, Weinheim S. 184

Springenschmid, Karl: Das Schmerzensgeld. Aus: „Stadt Gottes" 2/79. Steyler Verlag, St. Augustin S. 18 f.

Stadtbücherei München: Hinweise für Büchereibenützer S. 117 ff.

Städt. Kultur- und Fremdenverkehrsamt Regensburg: Fremdenverkehrsprospekt Regensburg S. 173 ff.

Steguweit, Heinz: Das Gerücht. Aus: Bergisches Land. Sauerland Verlag, Iserlohn S. 25 f.

Steinberger, Alfons: Wessobrunn. Aus: Leiderer/Weitnauer (Hrsg.): Mein Sagenbuch. Bayer. Schulbuch-Verlag, München S. 62 f.

von Strauß, Lulu und Torney: Löwenzahn. Aus: Neue Balladen und Lieder. Dieterichs, Jena. S. 158

Thudichum, Marina: Bernhard. © by M. Th. S. 32 f.

Thudichum, Marina: Kinder auf vielerlei Wegen. (Ausschnitt) © by M. Th. S. 135 f.

Twain, Mark: Tom Sawyer's Abenteuer. (Ausschnitt) Aus: Gesammelte Werke, Band 1. Übersetzt von Lore Krüger, Hanser, München. 1965 S. 126 ff.

Uhland, Ludwig: Lob des Frühlings. Aus: L. Fränkel (Hrsg.): Gesammelte Werke, Band 1. Bibliographisches Institut, Leipzig S. 90

Unbekannter Verfasser: Der Blinde und die Milch. Aus: P. Gogon (Hrsg.): Das große Vorlese- und Erzählbuch. Moderne Verlags-GmbH, München S. 24

Unbekannter Verfasser: Sankt Nikolaus. Aus: „Stadt Gottes" 12/78. Steyler Verlag, St. Augustin S. 27 ff.

Unbekannter Verfasser: Wie ein armer Mann seine Zeche zahlte. Aus: P. Gogon (Hrsg.): Das große Vorlese- und Erzählbuch. Moderne Verlags GmbH, München S. 37

Unbekannter Verfasser: Wie Eulenspiegel sich einem Schneider verdingte. Aus: Till Eulenspiegel und seine lustigen Streiche. Tosa-Verlag, Wien S. 38 ff.

Unbekannter Verfasser: Hahn und Ente. Quelle unbekannt S. 68

Volksgut: Französisches Märchen: Ein Wunsch ist frei. Aus: Jens Carstensen (Hrsg.): Unser Hausbuch. R. Bardtenschlager, Reutlingen. 1959 S. 42 f.

Volksgut: Armenisches Märchen: Das Märchen vom goldenen Apfel. Aus: Die schönsten Märchen aus aller Welt. Bertelsmann, Gütersloh S. 43

Volksgut: Griechisches Märchen: Das Glück liegt auf der Straße. Aus: Schulfunk 350, 1/77 S. 44

Waggerl, Karl Heinrich: Wozu die Liebe den Hirtenknaben veranlaßte. Aus: Und es begab sich. Otto Müller Verlag, Salzburg. 1953 S. 30 f.

Waggerl, Karl Heinrich/von Ebner-Eschenbach, Marie/Novalis/Rosegger, Peter: Verse fürs Poesiealbum. Aus: K. L. Graak, Verse fürs Poesiealbum. Goverts Verlag, Frankfurt S. 107

Waltinger, Martin: Der Pfahl. Aus: Leiderer/Weitnauer (Hrsg.): Mein Sagenbuch. Bayer. Schulbuch-Verlag, München S. 54 f.

Wünschmann, Arnd: Führer durch den Tierpark Hellabrunn. S. 149

Wünschmann, Arnd: Warum Fütterungsverbot in Hellabrunn? Aus: Tierparkführer Hellabrunn, München S. 150

Zacharias, Thomas: Seltsame Dinge. Aus: H.-J. Gelberg (Hrsg.): Menschengeschichten. J. Beltz, Weinheim S. 88

Zöpfl, Helmut: I brauch di. Aus: Das kleine Glück. Rosenheimer Verlagshaus, o. J. S. 102

Zottmann, Thomas: Olympische Spiele. Aus: Verblüffende Rekorde der Griechen. Franz Schneider, München. 1978 S. 163 ff.

Heute tanzen alle. Textunterlegung: Barbara Heuschober; Aus: Jöde/Gundlach; Pro Musica, Möseler, Wolfenbüttel/Zürich S. 89

Ausschnitte aus Kinder- und Jugendzeitschriften:
„Spiel mit – denk nach". Aus: Freund der Kinder 8/79. Auer, Donauwörth.
„Kinderbuchautoren". Aus: Schülermagazin treff 3/79. Velber Verlag, Seelze.
„Schüler schreiben . . .". Aus: Schülermagazin treff 3/79 und 6/79 (S. 39) S. 138 ff.

Fleckentfernung. Aus: Knaurs Jugendlexikon. Droemer, München. 1973 S. 152

Die sieben Wunder der alten Welt. Aus: Das große Jugendbuch, 6. Folge. Verlag DAS BESTE, Stuttgart. 1965 S. 161 ff.

Kalenderblatt: Mai. Aus: Jahrbuch 1979. „Maria vom Guten Rat". Augustinus-Verlag, Würzburg S. 167

Jugendlexikon: Stichwort Berg, Bekannte Berge und ihre Höhe. Aus: Knaurs Jugendlexikon. Droemer, München. 1973 S. 168 ff.

Für einige Zitate konnte der Urheberrechtsinhaber nicht ermittelt werden. Herausgeber und Verlag sind bestrebt, Ergänzungen in einer Neuauflage zu berücksichtigen.

Bildnachweis

Bavaria-Verlag, Gauting S. 62, 73 o. l., 73 u. (2×), 91, 165, 177
Fremdenverkehrsverein e. V., Regensburg S. 173, 174, 175
Robert Holder, Urach S. 31
Günter Krönert, Gochsheim S. 87
Bildarchiv Jürgen Lindenburger, Kastl S. 13, 35, 73 o. r., 81, 155
Franz Meitinger, Donauwörth S. 78 (2×), 79 (2×), 137
Werner Otto, Oberhausen S. 143
Wilhelm Pichler, München S. 97
USIS: PA: Photo, Bonn-Bad Godesberg S. 171
Ignaz Schmitt, Würzburg S. 93

Der Hirtenknabe von Franz von Lenbach. Schackgalerie, München S. 183
Der Tod als Freund: Alfred Rethel S. 46
Riesengebirge mit Schneekoppe: Bodo Zimmermann, Hamburg S. 59
Till Eulenspiegel: aus: H. Kunst (Hrsg.): Till Eulenspiegel. Abdruck der Ausgabe aus dem Jahre 1515. In: Neudrucke deutscher Literaturwerke aus dem 16. und 17. Jahrhundert, Nr. 55 und 56. Halle 1884, S. 39
Winterliches Franken bei Wipfeld am Main: Richard Rother, Kitzingen S. 53